은유하는 마음

박응석

박영사

들어가는 말

"두 개의 언어를 안다는 것은 두 개의 영혼을 갖는 것과 같다." "언어의 한계는 세계의 한계다." 언어, 나, 그리고 세계가 긴밀하게 연결되어 있다는 이야기는 무수히 많다. 학부에서 공부를 할 때는 언어에 대한 이해가 부족해서였는지 그런 말들이 학자들의 허세로만 여겨졌다. 그러던 어느 날 광화문의 한 서점에서 조지 레이코프의 책들을 보고 큰 충격을 받았다. 내용이 낯설어 당시에는 거의 이해할 수 없었지만 인지과학의 성과들이 언어학에 매력적으로 녹아 있다는 느낌은 받았다. 그리고 이제 그동안 내가 궁금해하던 것들에 답을 얻을 수 있을 것 같았다. "언어로 인간 이해하기" 한 언어를 다른 언어로 바꾸는 것도 어떤 것이 문법에 맞는 말인지 가려내는 것도 좋지만 내게는 던져진 말에서 사람의 마음과 배경을 찾아내는 것이 신기하고 좋았다.

레이코프와 존슨에게 은유는 말을 꾸미는 부차적 장식이 아니라 우리가 세상을 이해하는 핵심적인 과정이다. 동상이몽同床異夢. 같은 침대에서 다른 꿈을 꾸듯이 우리는 같은 언어로 다른 대상을 볼 수 있다. 그런데 다른 사람들은 무엇을 보고 있을까? 그걸 어떻게 확인할 수 있을까? 그 사람이 사용하는 은유를 보면 된다. 은유는 한 대상을 다른 대상에 빗대어 이해하는 것이니 이해의 과정에 무엇을 가져다 쓰는지 보여준다. 그래서 은유는 나와 타인은 물론 그들이 속한 문화를 보여주는 맑은 거울이다. 이 책은 그 거울에 대한 이야기다. 제1부는 개념적 은유가 얼마나 일상적인지 소개하고, 제2부는 사람마다 문화마다 은유가 다를 수 있는 이유에 대해 생각한다. 제3부는 개념적 혼성으로 언어표현들이 구축하는 정신세계에 대해 설명하고, 제4부는 우리 삶에 들어온 은유들에 대해 살펴볼 것이다.

좋은 인연이 많았다. 2018년 중국철학자 김시천 교수님이 진행하던 팟캐스트 〈학자들의 수다〉에서 개념적 은유에 대해 간단히 소개를 했었고, 그 해 여름 보령 '책 익는 마을'에서 개최한 '인문학 페스티벌'에 참여해 레이코프와 존슨의 ≪삶으로서의 은유≫라는 책으로 강연을 했다. 강연은 거의 망했다고 봐야겠다. 책이 어렵다는 평이 많았고, 오랜 기간 학자들 사이에서만 은유를 이야기해 온 나는 쉽게 설명하지 못하는 한계를 보였다. 그 후 2019년부터 학부에서 〈한국대중매체와 담화분석〉이라는 수업을 통해 한국, 중국과 일본에서 모인 제자들과 개념적 은유로 광고와 기사를 분석했다. 외국학생들이 많았기 때문에 되도록 쉬운 한국어로 설명해야 했고 핵심적인 이론들만 추려서 우리 주변의 많은 실례에 적용했다. 학생들이 어려워할까 걱정했는데 오히려 주변에 존재하는 은유들을 발견하고 분석해 내며 재미있어 하는 모습에 인문학을 좋아하는 다른 분들에게도 소개하고 싶다는 욕심이 생겼다. 이 책을 통해 독자 여러분이 자신의 삶에 어떤 은유가 있는지 그리고 그 의미가 무엇인지 생각할 시간을 갖는다면 너무 행복할 것 같다.

향을 싼 종이에 향냄새가 나듯이 내가 아는 은유와 혼성에는 조지 레이코프, 마크 존슨, 졸탄 쾨벡세스, 질 포코니에와 마크 터너의 향이 있다. 이 자리를 빌려 번역으로 이 책들을 국내에 소개하신 모든 선생님들께 감사드린다. ≪은유하는 마음≫은 이분들의 이론과 예시 및 그 번역들을 '다시 쓰기'한 것임을 밝힌다. 늘 곁에서 응원해 주신 김현철 교수님과 〈인지란 무엇인지〉 세미나 멤버들, 〈한국대중매체와 담화분석〉 수업에서 시도 때도 없이 많은 아이디어를 제공해 주던 아래의 제자들, 이 책에 그림을 주신 오승은 작가님, 글을 보기 좋게 다듬어주신 박영사 황정원 선생님, 그리고 아이디어의 근원영역인 아내 박정아에게 감사하다는 말을 하고 싶다.

손보경, 이영나, 최수연, 백승호, 류리영, 정가람, 임상혁, 나재연, 박미나, 박지혜, 유수빈, 刘毅, 鲁睿, 巫惠清, 韩雨, 陈煜, 尚敬格, 石城, 王泽宇, 于嘉豪, 任雯雯, 张昱若, 张雨欣

차례

제1부 은유: 화려함에서 일상으로

제2부 은유: 몸에서 문화로

제3부 혼성: 페이스메이커의 등장

제4부 거리의 은유

제1부

은유: 화려함에서 일상으로

'은유' 하면 일반적으로 시를 짓거나 글을 쓰는 사람들의 전유물처럼 여겨진다. 하지만 조지 레이코프와 마크 존슨은 ≪삶으로서의 은유≫에서 은유는 사고의 방식으로 우리 삶에 널리 퍼져 있다고 주장한다. 그래서 우리가 사용하는 은유를 자세히 들여다보면 우리가 바라보는 세상의 모습이 드러난다.

1. 삶

대부분의 사람들은 은유 없이도 잘 살 수 있다고 생각한다. 그러나 우리는 은유가 우리의 일상적 삶에 널리 퍼져 있다는 것을 알게 되었다. 우리가 생각하고 행동하는 관점이 되는 일상적 개념체계의 본성은 근본적으로 은유적이다.

　　　　　　　　　－ 레이코프 & 존슨, 《삶으로서의 은유》

나는 지금 카페에서 글을 쓴다. 네이버 카페 같은 온라인 공간이 아니라 집 앞 카페에서 노트북에 쓰고 있다. 온라인 카페는 세상에 처음 나올 때, 왜 '카페'처럼 기존에 있던 이름을 재사용했을까? 마치 왕이

'~세'로 선왕의 이름을 그대로 쓰면서 정체성을 이어가는 느낌일까? 무언가 유사성이 있으니 같은 이름을 사용할 것이다.

우리는 새로운 것들을 늘 이전의 것들을 통해 이해한다. 낯선 것들은 항상 익숙한 것에 빗대어 알 수 있기 때문이다. 인지언어학자 조지 레이코프와 체험주의 철학자 마크 존슨은 이 이해의 과정에 **개념적 은유**conceptual metaphor가 있다고 한다. 그들에 따르면 우리의 생각과 행동은 은유를 통해 이루어진다. 가끔 시나 소설을 쓸 때 멋진 말을 만들기 위해 사용되는 줄 알았던 은유가 우리 삶에 이렇게 큰 영향을 미친다고? 이 아이디어는 1980년 ≪삶으로서의 은유≫에서 시작되어 지금까지 인지언어학, 인지심리학, 인지철학 등 다양한 영역에서 많은 증거들이 수집되며 인지언어학에서 핵심적인 지위를 얻는다. 결국 이전의 시인, 수사학자 등 일부 영역의 사람들만 관심을 갖던 은유는 드디어 다양한 영역에서 관심을 갖는 주인공이 된다.

"손이 맵다."

내가 지금 손을 훑어보고 하는 말이 아니다. 은유는 문자 그대로 해석한 '1차적 의미'가 아니다. "입이 짧다."나 "발이 넓다." 등 이런 예들은 넘쳐난다. 자세히 들여다보면 복잡하지만 우리는 이런 표현을 사용하는 데 어떤 어려움도 느끼지 않는다. 한 대상을 다양한 방식으로 바라보고 표현하는 것은 우리에게 너무 자연스럽다.

지금 우리 앞에 한 커플이 대화를 하고 있다. 오늘 나의 컨디션이나 감정상태, 또는 이어폰으로 듣고 있는 음악의 종류 등 여러 가지 내부·외부의 요인들이 내 판단에 영향을 미치고 선택을 강요한다. 수다?! 잡담?! 토론?! 논쟁?! 동일한 사건을 다양하게 바라볼 수 있다. 만약 여러분이 [논쟁]을 선택했다면 커플의 대화에서 싸움 또는 전쟁이라고 여길 만한 요소가 있었던 것이다. 다시 말해, 대화라는 행위를 전쟁이라는 관점에서 바라봤기 때문에 자동적으로 '논쟁'이라는 어휘를 선택한 것이다. 일단, 이런 프레임틀이 활성화되면 우리의 대화는 그 방향으로 흘러간다. 마치 아래의 문장처럼.

"너의 주장은 <u>방어할 수 없다</u>."

"그는 내 논증의 모든 약점을 <u>공격</u>했다."

"나는 그와의 논쟁에서 한 번도 <u>이긴 적</u>이 없다."

일단 내가 누군가와 논쟁하기로 작정하거나 지금 논쟁이 벌어지고 있다고 느끼면 사건의 나머지 부분들도 그에 맞게 재배치된다. 나는 말로 그를 공격하거나 방어하고, 대화가 끝나면 승자와 패자가 생길 수도 있다. [수다]로 시작했는데 어느 시점에 [논쟁]이 될 수도 있고, 나는 [잡담]처럼 대화하는데 상대방의 말에는 위에서 본 '공격', '방어'나 '이겼다' 등의 [논쟁]에 관한 어휘가 등장하고 있을 수도 있다. 사람의 마음을 읽기는 어렵지만 그나마 상대방이 뱉은 말은 그 사람의 생각을 읽는 단서가 될 수 있다. 반대로 내가 무의식적으로 쓰는 말을 살펴서 내가 세상을 바라보는 방식을 살필 수도 있다.

앞으로 계속 보겠지만 은유는 우리의 일상에 널리 퍼져 있으므로 조금만 관심을 가지면 나 또는 우리가 세상을 바라보는 방식을 알 수 있게 된다. 그래서 은유는 사람과 문화를 들여다볼 수 있게 한다는 점에서 인문학적 도구로 매우 유용하다.

이야기 +

1. 오늘 내가 사용한 은유는 무엇이 있는지 찾아보자.
2. 그 은유 대신 다른 은유를 사용한다면 무엇으로 대
   체할 수 있을까?

2. 근원과 목표

다음 커플 사이의 대화를 들어보자.

"나는 너에게 뭐니?"
"너는 나의 ○○야."

매우 신중하게 대답해야겠다. 이 빈칸에는 무수히 많은 단어들이 들어갈 수 있고, 그 단어는 대답한 사람의 관점이다. 그래서 이런 방식으로 은유의 사용을 유도하는 질문은 연인이나 친구 사이의 대화는 물론 "아이폰은 ○○이다."처럼 브랜드 이미지를 조사하거나 "토익은 ○○이다."처럼 교육현장에서 학생들의 생각을 파악하는 데 사용되기도 한다. 은유는 일반적으로 "A는 B이다."의 형식으로 표현되는데, 여기서 우리가 이해하고자 하는 대상 A를 **목표영역**target domain이라 하고, A를 이해하기 위해 빌려온 대상 B를 **근원영역**source domain이라 한다. 구체적이고 익숙한 근원영역을 통해 추상적이고 낯선 목표영역을 이해하는 것은 우리가 의식하고 살피지 않으면 모를 정도로 자동적으로 일어난다. 주목할 점은 같은 목표영역을 이해하는 데 사람마다 사용하는 근원영역이 다를 수 있다는 점이다.

하루는 수업을 준비하며 다양한 커피들이 중국어로 각각 어떻게 표현이 되는지 정리를 했다. 물론 검색을 하다 보면 늘 엉뚱한 짓을 하게 된다. 결국 "커피는 ○○다."를 채워서 응모하면 경품을 준다는 광고를 봤고, 직업병인지 그 선물보다는 사람들이 커피에 어떤 은유를 사용했을지 궁금했다. 그래서 검색을 해 보니 다음과 같은 문장들이 나온다.

"커피는 약이다."

"커피는 독이다."

"커피는 낭만이다."

"커피는 과학이다."

이 외에도 무수히 많은 은유들이 있었다. 커피가 누군가에게 약이고, 다른 누구에게는 독이다. 또한 커피는 낭만이면서 동시에 과학일 수 있다. 모순되는 것 같지만 그렇게 여겨지고 있다. 이런 결과는 목표영역커피을 이해하는 데 다양한 근원영역약, 독, 낭만, 과학을 사용할 수 있기 때문이고, 다양한 근원영역이 나오는 이유는 은유가 근원영역커피의 일부와 목표영역의 일부만 연결하기 때문이다. 정리하자면 어떤 사람은 커피가 알츠하이머에 좋다거나 당뇨병 발생위험을 줄인다는 식의 약과 유사한 '부분'을 본 것이고, 다른 사람은 커피가 주는 불면증, 신경과민 등 우리 건강에 해로운 '부분'을 본 것이다. 이 외에도 '커피'라는 단어를 듣는 순간 음악이나 친구들과 함께하는 낭만적 시간이나, 그 맛을 결정하는 로스팅 과정이 떠오르는 사람이 있을 수 있다. 같은 사물을 본다고 같은 생각

을 하는 것이 아니다. 누구는 코끼리의 발을 더듬고
누구는 코끼리의 귀를 만지는 식이다.

이야기 +

재밌는 은유를 하나 찾아서 목표영역과 근원영역을
구분해 보자.

3. 지향 1

은유적 지향성은 자의적arbitrary인 것이 아니라, 우리의 물리적 문화적 경험에 뿌리를 두고 있다. 위-아래, 안-밖 등과 같은 양극적 대립은 본질적으로 물리적이지만, 이것에 토대를 둔 **지향적 은유**orientational metaphors는 문화에 따라 다양하다.

                     – 레이코프 & 존슨, 《삶으로서의 은유》

수업을 앞두고 교실 앞에서 만난 학생 둘이 다음과 같은 이야기를 한다.

"무슨 좋은 일 있어? 기분이 <u>들떠 있는</u> 것 같은데."
"응 이따가 말해 줄게. 오늘 아주 공부할 의욕이 <u>솟
는다</u>."

　어떤 좋은 일인지 몰라도 대화처럼 기분이나 분
위기 등은 '위–아래'로 오르내린다. 이상한 질문처럼
들리겠지만 기분은 왜 '전–후'나 '좌–우'를 통해 "기
분이 완전 뒤야."나 "기분이 너무 오른쪽이야."라고
하지 않을까? 개념적 은유 [행복은 위/ 슬픔은 아래]
때문이다. 레이코프와 존슨은 "수그러진 자세는 전형
적으로 슬픔이나 절망을 동반하고, 똑바로 선 자세는
긍정적인 정서 상태를 동반한다."고 말한다. 기분이
좋을 때는 날아갈 것 같고, 우울할 때는 땅속으로 꺼
질 것 같던 **현실세계**에서의 물리적 경험이 **개념세계**
에서 행복은 위와 슬픔은 아래와 묶어준다. 다시 정
리해 보자. 우리의 경험은 개념을 구성하고, 개념은
언어세계에 반영된다. [위] 또는 [아래] 같은 방향을
나타내는 개념들은 위와 같은 예문 이외에도 다른 개
념들을 이해하는 근원영역으로도 사용된다.

"연봉이 해마다 크게 올라가고 있다."

"시험점수가 저번보다 많이 올랐다."

많은 사람들이 원하는 연봉이나 점수의 상승. 그렇다. 상승위과 하강아래으로 표현된다. 1, 10, 100, 1000, 10000, 100000⋯ 여기에 [많음은 위] 라는 은유가 있다. 양적으로 많다는 것이 높낮이에서 높음과 연관이 된다는 것이다. 왜 그렇지? 지금 책상 위에 책을 한 권 올려놓겠다. 그 위에 또 한 권을 올리고, 그 위에 또 한 권을 올리고. 이렇게 계속 쌓으면 책 더미는 점점 높아진다. 우리는 사물의 '양'을 '높이'와 함께 경험하는 것이다. 물론 다른 방식의 경험도 존재하지만 이 경험들은 우리의 머리에서 양이 많은 것과 높이를 연결시키고, 많은 것을 높이라는 근원영역을 통해 표현하게 한다. 인간의 몸은 늘 공간 안에 있다. 그래서 '지향방향'은 우리의 경험에 기본이 되고, 많은 것들을 이해하는 데 1차적으로 사용된다.

이야기를 하다 보니 '위'와 '아래'에서 '위'에 대한 예만 들었다. 인간이 '위'를 편애한다는 변명을 하고 싶다. A와 B 두 사람이 서로 자신의 키가 더 크다며 싸우고 있다. 그래서 키를 잰다면 우리는 어디를 보는가? 머리를 보지 발을 보지 않는다. 눈치가 빠른 독자는 벌써 아실 것 같다. 무중력 공간에 살지 않는 이상 우리는 모두 지면 또는 어떤 바닥면에 놓이게 된다. 그래서 두 사물이 높이에서 갖는 차이를 비교할 때 '위'를 참조하게 된다. 개념세계에서 늘 주목을 받는 '위'는 생략이 가능해진다.

"그녀는 <u>무대</u>에 서 있다."
"그는 <u>침대</u>에 있다."

그녀는 무대 '위'에 있고, 그는 침대 '위'에 있다. 그녀가 무대 아래에 있고, 그가 침대 아래에 있다면 언어세계에서 방향을 나타내는 단어 '아래'를 꼭 써줘야 한다. 생략은 연상에서 우위를 차지하는 개념이 갖는 특권이다. 그래서 남자 의사는 그냥 '의사'지만, 여자 의사는 '여의사'라 한다. 반대로 '간호사'라고 하면 여자가 더 많이 연상되기 때문에 간호사가 남자인 경우는 상대방이 여자를 떠올리는 게 소통에 문제가 되는 경우 이를 막기 위해 '남자 간호사'라고 수식어를 사용하게 된다. 우리의 현실세계가 비대칭적이면 우리의 개념세계도 비대칭적이고 우리의 언어세계도 비대칭적이다.

이야기 +
다음은 레이코프와 존슨이 말하는 지향적 은유들이다. 주변에서 이 은유의 실례를 찾아보자.
[행복은 위/ 슬픔은 아래], [많음은 위/적음은 아래],
[높은 지위는 위/낮은 지위는 아래]

4. 지향 2

우리의 시야 안에 적당한 크기의 돌이 있고, 그 돌과 우리 사이에 대략 한 뼘 정도 떨어진 곳에 공이 하나 있다고 가정하면 우리는 그 공이 돌 앞에 있다고 생각할 것이다. 하우사족은 우리와는 다른 투사를 함으로써 그 공이 돌의 뒤에 있다고 받아들일 것이다. 따라서 앞-뒤 지향성은 돌과 같은 사물의 본유적인 속성이라기보다는 우리가 그 돌에 투사하는 하나의 지향성인데, 우리의 투사방식은 문화에 따라 다양하게 나타난다.

          - 레이코프 & 존슨, 《삶으로서의 은유》

'앞'이라는 방향은 어떻게 정하는 거지? 인지의미론을 공부하기 전에는 한 번도 생각해 본 적이 없다. 나와 돌 사이에 놓인 공을 "돌 뒤에 있다."고 말할 수도 있다고? 천천히 생각해 보자. 우선 나 그리고 돌이 있다. 어떤 그림이 그려지는가? 나와 돌이 마주보고 있나? 돌이 나에게 등을 보이고 내가 그 뒤를 보고 있나? 베른트하이네는 전자를 '대면모형face-to-face model'이라 하고, 후자는 '일렬종대모형single-file model'이라고 한다. 그는 서양문화권은 '대면모형'을 따르고, 아프리카 일부 문화권은 '일렬종대모형'을 사용한다고 한다. 코로나19로 익숙해진 용어 비대면 수업에서 '대면對面'은 서로 얼굴을 마주 보고 있는 것을 말한다. 사물과 마주할 때 우리는 '의인화'를 통해 사물이 나를 쳐다보는 것으로 여긴다. 이와 반대의 경우도 있다. 사냥문화 때문일까? 사물과 마주할 때 그 사물이 나를 보는 것이 아니라 뒷모습을 보이고 있는 것으로 여기는 문화도 있다. 이런 문화에서는 나와 돌 사이에 공이 있으면 "공이 돌 뒤에 있다."고 말한다.

　　지금 나는 여러분이 그동안 무의식적으로 사용

하던 말들을 통해 '언어'에 대해, 그리고 '마음'에 대해 살펴볼 수 있기를 바라고 있다. 자동적으로 사용되는 일상적인 것들은 우리 삶에 기본적이고 중심적인 것이다. 하나하나 짚어나가 보자. 우선 '앞'으로 예시 하나만 더 보겠다.

"학교 앞에 맛있는 분식집이 생겼다."

학교의 '앞'은 어떻게 정해질까? 일반적으로 학교 정문이 있는 곳이 학교의 앞이 될 것이다. 우리가 학교라는 건물과 마주하는 순간은 등교할 때 정문을 향하는 순간들이다. 이때 대면모형을 통해 학교 정문 쪽이 '앞'으로 여겨지는 패턴이 생긴다. 그런 패턴들이 강하게 고착되면 학교와 마주하지 않은 순간에도 정문 쪽은 늘 '앞'이 된다. 나 자신이 방향을 판단하는 주체가 된다는 점은 '전-후' 말고 '좌—우'도 마찬가지다.

"그는 정아의 <u>오른쪽</u>에 앉았다."

　　나와 정아가 마주보고 밥을 먹고 있는데 그가 와서 정아의 오른쪽에 앉은 상황. 이때 오른쪽은 나를 기준으로 오른쪽? 아니면 정아를 기준으로 한 오른쪽? 두 가지 해석이 존재해서 답답하다. 이는 '정아의 오른쪽'이라 할 때, 정아가 방향을 결정하는 '참조점reference point'이 될 수도 있고, 관찰자인 나를 참조점으로 사용할 수도 있기 때문이다. 이 이야기를 듣고 나서 '좌우', '왼쪽'이나 '오른쪽'을 말할 때마다 신경이 쓰여서 '옆'이라는 표현을 써버릴지도 모르겠다. 물론 이런 상대적 기준을 버리고, 지구가 참조점인 절대방위 '동서남북'을 사용해도 좋다. 하지만 나 같은 방향치는 그게 더 어렵다.

이야기 +

1. '학교' 말고 '공'처럼 대칭적인 것은 '앞'을 어떻게 정할까?
2. 야구에서 우익수는 누구의 관점에서 정한 것일까?

5. 존재

우리는 대상과 물질의 관점에서 우리의 경험을 이해함으로써 경험의 부분을 선택하고, 이 부분을 동일한 종류의 분리된 대상이나 물질로 다룰 수 있게 된다. 일단 우리의 경험을 대상이나 물질로 식별할 수 있다면 우리는 그것을 지시할 수 있고, 범주화할 수 있고, 분류할 수 있으며, 양화할 수 있다. 그리고 이 방법으로 그것에 대해 사유할 수 있다.

 – 레이코프 & 존슨, ≪삶으로서의 은유≫

우리는 '무엇'을 생각하고, '무엇'으로 기억하고, '무

엇'에 대해 이야기한다. 그것이 물리적이건 추상적이
건 '대상'으로 '개체화'하는 작업이 필요하다. 의식하
지 않아도 저절로 되니까 대부분 관심을 둔 적이 없
었을 뿐이다.

"오늘 맥주 한 잔 할까?"
"어제 과음으로 고생해서 오늘은 쉬어야겠어. 연속
두 번은 힘들겠다."

물리적 대상 '맥주'는 '책', '연필', '마우스'처럼
경계가 뚜렷하지 않으니 '~잔', '~컵', '~캔' 등 도구
에 의지해서 **'개체'**가 된다. 추상적 대상 '고생'은 어
디부터 어디까지가 고생의 범위인지 명확하지 않지만
우리는 무리 없이 개체화할 수 있다. 그래서 '뭔 부귀
영화를 누리겠다고 이 고생이냐.'처럼 '이', '그'와
'저' 등으로 지시할 수 있고, 어제의 고생과 지금의
고생을 구분할 수 있고, 위에서처럼 '한 번', '두 번'
으로 셀 수 있게 된다. 그리고 '고생'에 대해 생각할
수도 있다. 레이코프와 존슨은 이를 **존재론적 은유**
ontological metaphors라고 한다.

여기서 존재는 그 '경계'가 명확하지 않아도 된다. 우리는 범주의 경계를 유연하게 다루는 능력이 있기 때문이다. 다음 단어들의 경계에 대해 한번 생각해 보자.

'상류', '산꼭대기', '팔꿈치', '길모퉁이'

전부 정확하게 구분되지 않는 경계들을 갖고 있지만 우리는 이 단어들을 별 문제없이 사용하며 살고 있다. 더 극단적인 경우는 멋대로 떨어져 있는 것들을 모아서 묶는 경우다. 예를 들어 수많은 별들에서 몇 개만 모아서 '북두칠성'처럼 별자리를 만들거나, 더 많이 모아서 '은하수'를 만들 수도 있고, 여기저기 흩어져 있는 사람들을 '우리 가족'이라는 개념으로 연결시킬 수도 있다.

사람들이 정말 많이 쓰는 존재론적 은유는 대상을 사람으로 보는 **의인화**personification다. 어릴 때는 인형이나 로봇과 대화를 하고, 커서도 피규어나 화분 등 주변의 사물과 대화할 수 있다. 혹시 나는 성인이 된 후로는 의인화를 쓰지 않는 것 같다고 하는 사람이 있을지 모르겠다.

"세상아 덤벼라."
"삶이 그대를 속일지라도"

이 문장들은 '세상'과 '삶'을 의인화했기 때문에 가능한 것이다. 취업을 준비하는 학생이 '세상'이나 '삶'에 대해 진지하게 고민할수록 의인화가 강해질 수 있다. 그러다 노력 끝에 취업을 하면 주변 어르신들의 부담스러운 "결혼은 언제 하니?" 공격이 시작된다. 이때 "저는 일과 결혼했어요."라고 둘러대면 '일'을 의인화한 것이다. 의인화는 이렇게 대상을 바꿔가며 계속된다.

이야기 +

1. 당신이 자주 사용하는 의인화는 무엇이 있을까?
2. 대상이 의인화되는 정도에 대해 생각해 보자.
   (눈, 코, 입, 팔, 다리가 있다거나 등등)

6. 구조

은유적 구조화는 전체적이 아니라 부분적이라는 점을 이해하는 것이 중요하다. 만일 그것이 전체적이라면 한 개념은 단순히 다른 개념의 관점에서 이해되는 것이 아니라 실제로 다른 개념이 될 것이다. 예를 들면 시간은 실제로는 돈이 아니다. 당신이 무엇인가를 하기 위해 당신의 시간을 들였음에도 불구하고 성공하지 못했다면 당신은 당신의 시간을 되돌려받을 수 없다.

　　　　　　　－ 레이코프 & 존슨, ≪삶으로서의 은유≫

'책상다리'는 있지만, '책상허리'나 '책상팔'은 없다. 문학에서 상상력을 발휘해 사용하는 경우에 가능하지만 일상생활에서 그렇게 쓰지 않는다. 책상을 의인화해서 '다리'는 쓰는데 '허리'와 '팔' 등을 쓰지 않는 점은 레이코프와 존슨이 말한 것처럼 은유가 근원영역의 모든 요소를 가져다 쓰지 않는다는 것을 보여준다. **구조적 은유**structural metaphor를 사용할 때, 근원영역에서 부분만을 사용하다 보면 표현하고 싶은 내용이 해당 근원영역에 없을 수도 있다. 이런 경우 우리는 다른 근원영역을 찾아서 쓴다. 다양한 은유는 다양하게 이해를 할 수 있는 길을 만든다.

"나의 아이디어가 마침내 <u>결실을 맺었다</u>."
"그 아이디어는 <u>피어나지도</u> 못했다."

위에 [아이디어는 식물]이란 은유가 있다. 아이디어를 식물을 통해 이해하게 되면서 생동감을 얻고 더 쉽게 이해할 수 있게 되었다. 재미있는 점은 식물이라는 프레임을 사용했기 때문에 이제 우리는 아이디어에 물을 주며 빛을 보게 하거나 한번 심고는 쳐다보지도 않아서 빛을 못 보고 죽게 할 수도 있다. 한 번 소환한 근원영역이 내 생각의 밑그림이 되는 것이다. 하지만 반대로 이 그림 안에 갇히게도 한다.

"그 아이디어는 현대에 새 <u>생명을 얻었다</u>."
"내 제자들이 이 아이디어의 <u>아버지다</u>."

[아이디어는 생명] 은유를 사용하게 되면 [식물]로 이해했을 때와 다르게 아이디어의 생로병사가 강조되거나 부모가 생길 수도 있다. 풍부한 근원영역일수록 더 많은 이해방식이 존재할 수 있겠지만 아무리 풍부한 내용을 가졌더라도 한계는 존재한다. 새로운 은유가 새로운 생각의 길을 열어다 준다는 점에서 더 풍요로운 이해를 위해 우리는 다양한 은유를 의식적으로 개발할 필요가 있다.

"우리는 서로에게 끌렸다."
"그의 고백을 듣고 온몸이 짜릿했다."

이 커플에게 누가 자석을 달거나 전기충격을 주

지는 않았을 것이다. 이전에 자석이나 전기로 실험을 했던 경험이 있어서 이런 은유를 사용한 것도 아니다. 그 좋았던 감정을 표현할 가장 적절한 무언가를 찾았을 뿐이다. 자신의 행복한 경험에 은유로 이름표를 붙이면 그때를 더 강렬하게 회상할 수 있다.

"그녀가 나에게 마술을 걸었다."
"그는 마침내 그녀를 쟁취했다."

그녀는 마술사가 되었고 나는 무엇에 홀린 듯이 그녀에게 빠져들었다. 왜 이렇게 좋은지 모르니 [마술]을 통해 내 사랑을 이해하는 게 가장 적절할지도 모르겠다. 그런 그에게 그녀 주변의 남자들은 다 경쟁자다. 쟁취라는 표현을 사용한 걸 보면 그녀와 사귀기까지의 시간이 그리 녹록지 않았던 것 같다. 아무튼 그는 [전쟁] 같은 시기를 거쳐서라도 사랑하는 사람을 얻었으니 다행이다.

이야기 +　

당신은 사랑을 주로 무엇을 통해 이해하고 있는지 이
야기해 보자.

7. 환유 1

우리에게 어떤 개념의 한 측면을 다른 개념의 관점에서 이해하도록 해 주는 체계성은 필연적으로 그 개념의 다른 측면들을 은폐할 것이다. 은유적 개념은 우리에게 어떤 개념의 한 측면에 초점을 맞추도록 함으로써 그 은유와 일치하지 않는 그 개념의 다른 측면에 초점을 맞추는 것을 방해한다. 예를 들어 열띤 논쟁 중에 우리가 적의 입장을 공격하고, 우리 자신의 입장을 방어하려고 할 때, 우리는 논쟁의 협동적 측면을 놓칠 수 있다.

– 레이코프 & 존슨, ≪삶으로서의 은유≫

재차 강조하자면 우리는 목표영역을 이해하는 데 근원영역을 구성하는 요소 중 모든 것을 가져다 쓰지 않는다. 무엇을 '선택'하느냐가 이해에 미치는 영향은 **환유**metonymy에서 더 직접적으로 일어난다.

"우리 학부에는 엄청난 브레인이 많다."
"개혁을 진행하기에 손이 부족하다."

머리가 뛰어난 사람을 '브레인'이라는 특정 부위를 통해 말하거나, 함께 일을 도모할 사람을 '손'을 통해서 표현하고 있다. 은유가 목표영역을 근원영역을 통해 이해하기 때문에 두 영역을 사용한다면, 환유는 한 영역만 사용한다는 특징이 있다. 영역에서 한 개체를 지시하기 위해 그것과 연관된 다른 개체를 사용한다. 환유도 은유처럼 내가 말하고자 하는 것을 다른 것을 통해서 말한다는 점에서 '지시'기능을 갖고 있다.

위의 '브레인'이나 '손'과 같은 예들은 '부분'을 통해 '전체'를 나타내고 있다. 여기서 환유표현으로 사용되는 '부분'은 **현저성**prominence이 높은 부분 '뇌'

나 '손'이다. '뇌'나 '손'이 현저성이 높다는 것은 생각은 보통 '뇌'를 통해서, 일은 주로 '손'을 통해 한다는 우리의 상식에 의존한다. 물론 광고나 기사 등에서 의도적으로 현저성을 높이기 위해 환유라는 장치를 사용할 수도 있다. 우리가 무언가에 대해 말할 때 그 내용은 늘 어떤 속성은 부각하고, 어떤 속성은 축소하며, 또 어떤 속성은 은폐할 수 있다. 환유의 이런 특징 때문에 환유는 '지시'기능 외에 우리가 대상을 '이해'하는 방식에도 영향을 미친다.

"저기 검은 모자 봤어?"
"저기 뿔테 안경 봤어?"
"저기 턱수염 봤어?"
"저기 해피밀 봤어?"

점심은 햄버거로 때워야지 하고 들어간 가게에서 간만에 가슴을 뛰게 하는 남자를 보게 된다. 친구에게 저 남자가 어떤지 물어보고 싶은데 나는 그 사람의 이름도 모르고 저 근처에 다른 남자들도 너무 많다. 그냥 '저 남자'라고 하면 못 찾을 것 같아서 특징을 잡아내기 시작한다. 선택 사항은 정말 많다. 저 남자를 주변의 다른 사람과 구분해 주는 특징이면서 동시에 특별히 내 눈길을 빼앗는 것이 최종 선택이 될 것이다. 그것이 '검은 모자'나 '뿔테 안경'일 수도 있고, 인상적인 '턱수염'일 수도 있고, 아니면 엄청 큰 덩치의 남자가 '해피밀'을 먹는 것이 강렬하게 머리에 남았을 수도 있다. 결론은 결국 하나를 선택해야 한다는 것이다. 환유는 이렇게 선택 기제를 갖고 있어서 말하는 사람이 무의식적이건 의식적이건 해당 영역에서 어떤 부분에 집중하고 있는지 또는 어떤 영상을 떠올리고 있을지 대강 예측 가능하게 한다.

이야기 +

1. 내 앞에 있는 사람이나 사물 중 하나를 골라 다양한 환유를 사용해 표현해 보자.
2. 페이스북이나 인스타그램의 사진을 보고 왜 그 사진이 그날을 대표하는 부분인지 설명해 보자.

8. 환유 2

환유적 개념의 토대는 은유적 개념의 경우보다 일
반적으로 더 분명하다. 그 이유는 환유적 개념의 토
대가 보통 직접적인 물리적·인과적 연상을 포함하
기 때문이다. 예를 들어 [부분으로 전체를 대신함]
환유는 부분이 일반적으로 전체에 관련되는 방식에
대한 우리의 경험에서 나온다. [생산자로 생산품을
대신함]은 생산자와 생산품 사이의 인과관계에 근거
한다. [장소로 사건을 대신함]은 사건의 물리적 장
소에 대한 우리의 경험에 토대를 두고 있다.

— 레이코프 & 존슨, 《삶으로서의 은유》

'연상'은 "다른 사물을 떠올리다."라는 뜻이다. 한 사물이 어떻게 다른 사물을 떠오르게 할까? 가장 많이 볼 수 있는 것으로 두 개념 간에 유사성이 존재하면 된다. 예를 들어, '4'와 '死'는 발음이 같아서 숫자 4에서 죽을 '死'가 연상되기 때문에 우리는 숫자 4를 피하려 한다. 또는 자주 한 공간 안에 함께 놓이거나, 시간상 연속으로 이루어지는 경험이 반복된다면, 두 사물이 한 프레임에 담기게 되어 그중 하나를 생각하면 다른 하나가 쉽게 연상된다. 이것이 지금 우리가 이야기하는 환유를 사용할 수 있는 조건이다.

　여러분 앞에 책이 있다고 상상해 보자. 그 주변에 또 무엇이 있을까? 보통 책상, 독서대, 가방, 볼펜 등이 연상될 확률이 높다. 비누나 훠궈가 연상되기는 어렵다. 일반적으로 비누는 화장실에서 샴푸나 칫솔 등 다른 사물들과 연결되고, 훠궈도 식당에서 칭다오 맥주나 옌타이 고량주 등 다른 사물들과 함께 묶일 것이다. 공간 말고 시간도 생각해 보자. 나는 제자가 책을 펴면 이제 공부하려나 보다 생각하고, 빵 봉지를 뜯으면 곧 먹을 것이라 자연스럽게 예상한다. 반대로 책을 덮으면 공부가 끝난 것이고, 양치를 하려

준비하면 빵을 다 먹은 것으로 여긴다. 현실세계에서 가깝게 묶여 있는 경험들은 우리의 뇌 속에서도 묶여 있다. 그래서 하나를 생각하면 붙어 있는 다른 것도 함께 떠오른다.

환유는 의사소통 수단이기 때문에 말하는 사람과 듣는 사람 모두가 공유하는 상식적 내용을 기초로 한다. 하지만 저자의 개성이 담긴 문학이나 영화 같은 예술의 경우는 예외다. 문학이나 영화에서 우리가 놀라거나 웃게 되는 것은 늘 A 다음에 B가 나올 것이라 예상했는데, X나 Y 등 다른 것이 나오는 비상식적 패턴을 보여주기 때문이다. 우리가 서로 공유하는 경험들은 소통을 굉장히 경제적으로 만들어준다.

"오늘 어떻게 왔어?"

"택시타고 왔어."

어떻게 왔냐는 질문에 그냥 교통수단에 대해 대답하면 끝이다. 걸어왔거나 버스나 택시를 타고 왔거나. 갑자기 "집에서 나오기 전에 가스밸브가 잠겼는지 확인하고 문을 잘 닫고 엘리베이터 버튼을 누르고...” 오는데 30분 걸렸는데 그 이야기를 30분 동안 설명할 사람은 없을 것이다. 물론 다이어트 때문에 계단을 통해 내려왔다거나 날이 좋아서 걸어왔다거나 하는 정보적 가치가 있는 경우라면 모르겠다. 환유는 외출할 때 문을 닫고 엘리베이터를 타는 등 뻔한 일상적 요소들을 지우고 교통수단 등 변수만 말할 수 있게 해 준다. 레이코프와 존슨이 제시한 환유의 유형들을 통해 환유에 대해 좀 더 생각해 보자.

[생산자로 생산품을 대신함]
나는 <u>칭다오</u>를 마실 거야.

[사용되는 물건으로 사용자를 대신함]
<u>드럼</u>은 오늘 독감에 걸렸다.

[통제자로 피통제자를 대신함]
<u>부시</u>는 이라크를 폭격했다.

[기관으로 책임자를 대신함]
너는 결코 <u>대학</u>이 그 문제에 동의하도록 만들 수 없을 것이다.

[장소로 기관을 대신함]

<u>청와대</u>는 부동산 정책에 양보의 뜻이 없다고 했다.

[장소로 사건을 대신함]

<u>팽목항</u>을 잊지 않기를.

이야기 +

여러분이 외국인을 위해 한국어 교재를 만든다고 생각하고 <식당> 편 대화문을 6-10문장으로 구성해 보자. 무엇이 꼭 들어가야 할까?

9. 그릇

우리는 우리의 목적에 따라 이 세계의 사물을 그릇이거나 그릇이 아닌 것으로 받아들일 수 있다. 예를 들면 우리는 삼림 속의 벌목지를 하나의 [그릇]으로 생각할 수 있으며, 우리가 그 벌목지의 [안]이나 [밖]에 있는 것으로 생각할 수도 있다. 그러나 그릇이라는 것은 나무들이 덜 우거진 숲속의 그 장소가 갖고 있는 내재적 속성이 아니다. 즉 그것은 우리가 그 장소와 관련해서 활동하는 방식에 따라 투사한 속성인 것이다.

— 레이코프 & 존슨, 《삶으로서의 은유》

우리는 물리적 몸을 갖고 있다. 살은 '경계'가 되어 '안'과 '밖'을 경계 짓는다. 이렇게 몸을 통해 생긴 안과 밖의 구분은 이제 확장된다. 즉, 다른 대상에 투사되어 그 대상에 안과 밖을 부여한다. 언어세계에서 "내 안에 있다", "컵 안에 있다", "집 밖으로 나가다"의 물리적 영역부터 "팀에 새 식구가 들어오다", "조직에서 나가다"처럼 추상적 영역까지 확장된다. 레이코프와 존슨은 시야를 통해 우리가 얼마나 자연스럽게 '그릇 은유container metaphor'를 사용하는지 보여준다. 시야視野, visual field라는 어휘는 이미 은유를 담고 있는데, 우리의 눈에 보이는 영역을 들野, field로 비유해서 안과 밖을 나누고 있다.

"그 배가 시야에 들어오고 있다."
"갑자기 시야에서 사라졌다."

배가 어디로 들어온다고? 경계가 있어야 그 경계를 기준으로 안으로 들어오고 밖으로 나갈 수 있을 것이다. 어휘 '시야'에 한정된 공간인 들판이 포함되어 있기 때문에 동사 '들어오다'나 '나가다' 등이 사용 가능해진다. 같은 방식으로 영화에서 악당이 잘 미행하고 있었는데 갑자기 주인공이 보이지 않으면 "시야에서 사라졌다."고 말할 수도 있다. 볼 시視에 대해 말한 김에 시점視點과 시선視線까지 모으면 점, 선, 면 3종 세트가 완성된다. 시점은 마치 네비게이션에 표시된 점처럼, 보는 사람의 위치를 강조한다. 사람의 주의력을 빼앗는 것으로 '시선강탈'이라는 말을 볼 수 있는데, '시점강탈'이나 '시야강탈'은 어색하다. 선은 점과 점을 연결한 것이니 시선은 관찰자가 다른 사람이나 사물과 선으로 연결된 모습을 상상하게 한다. 그래서 다른 대상이 기존의 연결을 끊고 빼앗을 수 있다. 은유 의미는 이렇게 언어 형태를 제약할 수 있다. 추상적 '활동'이나 '상태' 역시 그릇 은유를 사용한다.

"어떻게 은유 연구에 뛰어들게 되었니?"
"모르겠어. 왜 은유에 빠져들었는지."

'은유'를 연구하는 활동이나 상태가 그릇이 되어

연구자가 그 안으로 들어가거나 나올 수 있다. 뛰어들거나 빠져들듯이 들어가는 형태를 구체적으로 묘사해 의미를 정교화할 수 있다는 점도 주목할 만하다.

이야기 +

주변에서 그릇은유의 실례를 찾아보고 그 문장에 어떤 동사가 사용되었는지도 살펴보자.

10. 창의

[이론]이라는 개념을 구조화하기 위해 사용되는 [건물] 개념의 부분은 기초와 외형이다. 지붕, 내부의 방, 계단, 복도 등은 [이론] 개념의 일부로 사용되지 않는 건물의 부분이다. 그래서 [이론은 건물] 은유에는 '사용되는' 부분기초와 외형과 '사용되지 않는' 부분방, 계단 등이 있다. '구성하다'나 '기초'와 같은 표현은 그런 은유적 개념의 사용된 부분의 실례이고 이론에 대한 일상적인 문자적 언어의 일부이다.

― 레이코프 & 존슨, ≪삶으로서의 은유≫

이론은 보통 [건물]을 근원영역으로 한다. 그래서 이론은 건물처럼 기초가 부실할 수도 있고, 구조가 복잡할 수도 있으며, 단단해지거나 부서질 수 있다. 하지만 예술가들은 우리가 공유하고 있는 은유를 진부하게 여기고 새로운 은유를 통해 사람들이 대상을 낯설게 보게 한다. 창의성을 드러내는 방식 중 하나로 새로운 은유를 사용하는 것이다. [이론은 건물]이야기가 나왔으니 아래 근원영역에서 평소에는 잘 쓰이지 않는 부분들을 가져다 써봤다.

"이제 신화로 이사 좀 와라."
"은유에만 있지 말고 우리 기호학으로 소풍가요."

필자는 인지언어학 외에도 번역학이나 기호학을 연구하고 있고, 주변 학자들에게 철학, 종교, 신화 등 다양한 영역에 대해서 배우는 중이다. 그러다 보니 어떤 분들은 자신의 분야에 은유분석을 접목하자며 공동연구를 제안하는 경우가 종종 있다. 그럴 때 자기 분야로 이사하라고 할 수 있을 것 같다. 물론 몸만 가면 안 되고 전에 살던 인지언어학이라는 [집]에서 쓰던 이론들을 다 챙겨서 가야 할 것이다. 또는 방학 때마다 함께 은유를 공부하던 석박사 후배들이 같은 분야만 공부하다 지쳐서 이번 방학에는 기호학 등 다른 분야 공부를 하자고 조를 수 있다. 하지만 [소풍]이라고 말하는 것은 [이사]와 달리 잠시 갔다가 돌아올 것이라는 의도를 함축한다.

경로의존성path dependence이라는 개념이 있다. 타자기를 사용하던 시절에 글쇠가 서로 부딪치는 문제의 해결을 고려해 만든 QWERTY 자판배열은 지금 타자기를 쓰지 않는 우리에게 비효율적이다. 그럼에도 불구하고 굳어버린 습관으로 다른 배열을 고려하지 않는 경우가 경로의존성을 보여주는 대표적인 예다. 새로운 길, 새로운 사람, 새로운 문화를 접하기보다는 내가 다니던 길로 다니고 익숙한 사람과 대화하고 낯선 문화를 피하는 것은 인지적 구두쇠인 인간에게 당연한 선택이다. 하지만 예술가가 아니더라도 내 삶을 되돌아보거나 변화를 주고 싶다면 익숙한 것에서 벗어나야 한다.

20대에 다양한 중국무술들을 익히는 데 푹 빠져 있었다. 한 도장에서 창술을 배우는데 사부님이 일단

창을 잡으면 '전쟁터' 가운데 놓인 것처럼 긴장하라고
가르쳤다. 얼마나 몰입했는지 몇십 분 만에 온 힘을
다 쏟아내고 손이 쥐어지지 않아서 더 이상 운동을
할 수 없었다. 그렇게 몇 년을 하다가 다른 도장에 가
봤는데 여기 사부님은 약속대련을 '놀이'를 하듯이 즐
겁게 하라고 했다. 그래야 긴장하지 않아서 쓸데없는
힘이 들어가지 않는다는 게 이유였다. 시킨 대로 해
봤더니 효율적으로 힘을 사용할 수 있었다. 어떤 방
식이 옳다고 이야기하는 것이 아니다. 이때 내가 배
운 것은 비슷한 운동에도 다른 은유를 사용하면 다른
효과를 거둔다는 점이다. 우리의 삶은 의외로 쉽게
변화할 수 있다. 그 방식 중 하나는 일상적인 비유에
서 벗어나 다른 비유를 찾아보는 것이다.

이야기 +

최대한 새로운 은유들을 사용해서 시 한 편을 써보자.

11. 원형

이전에 중국어 수업을 마치고 집에 돌아오는 길에 그날 '빵'을 중국어로 '面包ᵐⁱànbāo'라고 가르친 것에 대해 여러 생각이 들었다. 그동안 아무 생각 없이 빵은 面包ᵐⁱànbāo라고 했는데 그 두 가지가 같은 것인가 하는 의심이 생긴 것이다. 그래서 다음 번 수업시간에 학생들에게 '빵' 하면 연상되는 것을 그려보라고 했더니 반 전체가 한국학생이었는데도 연상되는 이미지가 각양각색이었다. 그 친구들에게 이번에는 '面包 miànbāo'를 그려보게 하니 그리지 못하거나 각자 상상하는 다양한 빵이 등장했다.

　　학생들의 각기 다른 체험이 같은 단어에도 서로 다른 이미지를 갖게 한다는 걸 확인했던 날이다. 물론 여기서 말하는 체험은 먹어보거나 구매했던 빵 등 직접체험부터 영화, 드라마나 애니메이션 등에서 본 적이 있는 간접체험을 포함한다. 이 문제의식은 10년이 더 지나 ≪번역에 잠든 한국문화≫라는 책에서 중국인들이 한국어 '도깨비'의 번역어로 사용하는 '鬼怪'에서 무엇을 **원형**prototype 이미지로 삼는지에 대한 연구로 이어졌다. 중국 바이두 사이트에서 검색하면 도깨비에 대한 이미지는 거의 배우 공유의 사진들이 점유하고 있다. 한국 네이버에서 검색을 해 봐도 사정은 마찬가지다. 드라마는 동화책에 나오던 모든 도깨비의 원형적 이미지를 갈아치우고 사람들의 머리에 새 이미지를 새겼다. 결론은 우리는 '본 것'을 '연상한다'는 것이다.

　　'의자' 하면 무엇이 떠오르는지 생각해 보자. 원형적 의자는 어떤 요소들로 구성되어 있는가? 레이코프와 존슨은 등받이와 앉는 면, 네 다리, 팔걸이 두 개라고 제시한다. 이 의자가 미국에서 자주 볼 수 있는 의자인지, 그들의 학교에서 사용하는 의자인지 확인하기는 어렵지만 확실한 것은 문화마다 사람마다 원형에 차이가 있다는 것이다. 그럼에도 불구하고 흔들의자, 회전의자, 이발소 의자 등 비원형적인 것들도 의자라고 할 수 있는 유연성 때문에 우리는 소통에 불편을 느끼지 않는다.

> "비원형적인 것들도 의자라고 이해하는 것은 정의 속성들의 고정된 집합을 원형과 공유하기 때문이 아니라, 그 원형에 대해 충분한 가족유사성family resemblance을 지니기 때문이다. 결국 원형적 의자의 특성들은 어떤 고정된 핵심이 있어야만 하는 것이 아니다."
>
> — 레이코프 & 존슨, 《삶으로서의 은유》

가족유사성은 비트겐슈타인이 제시한 개념이다. 가족구성원 모두에게 공통적인 특성은 없지만 부분적으로 닮은 특성들이 모여 가족구성원들을 하나의 가족으로 인정하게 만드는 유사성을 말한다. 마치 내가 아버지나 엄마와 완전히 같은 얼굴은 아니지만 부모

님과 함께 있으면 가족이라고 알아채는 그 신비함(?)
이 되겠다. 비트겐슈타인은 야구 게임이나 체스 게임
등 다양한 게임들 모두를 아우르는 공통적인 특성은
없지만 우리는 이것들을 한데 묶어 '게임'이라고 말할
수 있는데, 게임들 사이엔 가족유사성만 있을 뿐 게임
전체를 아우르는 '보편적 특성'이 없다고 말한다. 이
개념은 날지도 못 하는 닭이나 타조가 어떻게 새의 범
주에 들어가는지도 설명해 주고, 내 책과 논문을 정리
해 가며 공부하는 귀한(?) 학생부터 과제를 한 번도 내
지 않는 학생까지 모두 학생이라는 범주에 들어간다
는 것도 유연하게 설명할 수 있다. 모든 학생이 반드
시 가져야 할 속성은 존재하지 않기 때문이다.

이야기 +

기존 영화나 웹툰 등에 등장한 원형적인 외계인의 모
습과 비원형적인 모습을 이야기해 보자.

12. 자아

레이코프와 존슨은 '주체'가 항상 은유적으로 세계를 관찰하는 경험적 의식을 가진 사람으로 이해되고, '자아'는 사람, 사물, 위치 등으로 이해된다며 주체와 자아 간의 관계를 다음과 같이 분류했다.

　1-[물리적 대상 자아] 은유
　2-[위치적 자아] 은유
　3-[사회적 자아] 은유
　4-[다중적 자아] 은유
　5-[본질적 자아] 은유

　　　　　　　- 레이코프 & 존슨, 《몸의 철학》

"옷에 커피 흘렸어. 팔 좀 들어봐."

"마음이 지치니 하루 종일 실수투성이네."

"너 자신을 너무 강하게 몰아붙이지마."

　[물리적 사물 자아 은유]에서는 주체가 자아를 [사물]처럼 통제한다. 팔을 들어 올리는 경우를 생각해 보자. 언어세계에서 '들다'는 목적어가 나오는 타동사이다. 동사 '들다'는 [누가] [무엇을] 드는 것이므로 [행위자]와 [대상]이 필요하다. 현실세계에서 팔을 드는 행위자도 나고 들리는 대상인 팔도 나의 것이다. 하지만 개념세계에서는 주체통제하는 나와 자아통제되는 몸가 분리되어 두 개의 실체가 존재한다. 결국 타동사가 요구하는 두 개의 실체는 현실세계가 아니라 개념세계에 존재한다. 인지언어학은 이런 수많은 예들로 언어세계는 현실세계가 아니라 개념세계를 반영한다고 주장한다. 아무튼 위에서 착한 친구가 자신을 강하게 몰아붙이지 말라고 위로한다. 여기서도 마찬가지로 몰아붙이는 사람도 그 영향을 받는 사람도 나라는 한 사람이다.

"너 정신이 다른 곳에 있는 것 같아."

우리의 정신은 자기 자리에 제대로 있을 수도 있고 아예 어디 갔는지 모를 수도 있으며 밖으로 나가버릴 수도 있다. [위치적 자아 은유]는 자아를 사물이 아니라 [위치]를 통해 이해한다. 정상적인 경우 주체는 자아가 올바른 위치에 있도록 통제한다.

"글을 쓸 때면 나는 자신과 논쟁하기도 하고, 스스로를 지켜주기도 한다."

[사회적 자아 은유]는 주체와 자아의 관계를 부모 자식이나 친구 사이 등 다양한 [사회적 관계]를 통해 이해한다. 그래서 나는 자신의 생각과 싸우는 적이 될 수도 있고, 스스로를 위로하고 지키는 친구가 될 수도 있다.

"가끔 도서관에서 인문학 강의를 들으며 학생 기분을 만끽하면 강의준비가 더 잘된다."

나는 글을 쓰거나 수업을 준비하다 지치면 집 앞에 있는 도서관에서 인문학 강연을 듣는다. 그렇게 학생이 되어 강의를 듣다 보면 새로운 아이디어도 얻고 학생의 기분도 이해하게 된다. 나는 교수이면서 학생일 수 있다. 우리 모두는 [다중적 자아 은유]를 통해 수시로 변화하며 살아가고 있다.

"몸이 아프고 시작한 명상이 나 자신을 발견하게 했다."

몸이 아프면 활동이 적어지고, 활동이 멈추면 마음이 가라앉는다. 어느 책 제목처럼 ≪멈추면 비로소 보이는 것들≫이 있다. 그때 참자아를 발견할 수도 있는데 우리는 보통 [본질적 자아 은유]를 통해 자아에 본질이 있다고 믿기 때문에 이렇게 사고한다.

이야기 +

1. 내가 사용하는 사회적 자아 은유에는 어떤 것이 있는지 생각해 보자.

2. 다중적 자아 은유를 통해 내 자아는 몇 가지 역할
   을 하고 있는지 세어보자.

13. 행위

전하는 바에 따르면 본디오 빌라도는 예수에 대한 평결을 마친 뒤 자신의 손을 씻었습니다. 그런데 토론토대학 연구자들은 이와 관련하여 흥미로운 연구결과를 발표했습니다. 먼저 그들은 실험참여자들에게 친구에게 한 거짓말이나 시험 시 부정행위와 같은 도덕적 비행을 회상하게 했죠. 그러자 절반의 실험참여자들은 자신의 손을 씻었지만, 나머지 절반은 그러지 않았습니다. 그 다음에 알아낸 일이 놀라워요. 손을 씻었던 참여자들은 죄책감을 덜 느꼈거든요.

- 레이코프 & 웨흘링,
《나는 진보인데 왜 보수의 말에 끌리는가?》

"조폭 146명 손 씻었다."노컷뉴스 2011.4.5.

"타짜 현란한 손 기술 본 후 도박 손 씻었다."스포츠
조선 2014.8.19.

조직폭력배가 하는 행동들은 사회적으로 더러운 일이
다. 부정적 행위이기 때문에 우리는 여기에 [더럽다]
는 개념적 은유와 언어적 표현을 사용한다. 불법도박
도 당연히 더러운 행위 범주에 들어간다. 그럼 이미
더러워졌다면 어떻게 깨끗하게 할 것인가? 더러워지
는 행위를 멈추고 그냥 물로 씻으면 된다고? 대략 그
렇다. 지나간 잘못은 사라지지 않지만 개인의 심리
측면에서 죄책감이 덜하다고 한다. 토론토 대학의 실
험결과를 통해 레이코프와 웨흘링은 다음과 같이 말
한다. "은유는 사고의 문제이고, 언어의 문제이며, 행
위의 문제다." 우리는 보통 손으로 많은 일을 하므로
일이 끝나면 더러워진 손을 씻는다. 그래서 "손을 씻
는다."는 환유적으로 하던 일을 마쳤다는 뜻을 갖게
되고, 손이 깨끗해지면서 심리적 더러움까지 씻겨나
가는 느낌을 갖게 된다.

손 씻기처럼 은유가 행위로 드러나는 일이 느와르 영화에만 존재하는 일은 아니다. 죽은 이의 영혼을 깨끗이 씻어 이승에서 맺힌 원한을 풀어주는 '씻김굿', 입교하는 사람에게 모든 죄악을 씻는 표시로 베푸는 종교적 세례洗禮 등 여기서 씻는 행위는 위생의 문제가 아니라 은유적 의미를 가진 채 의례가 된다. 일단 이렇게 고착되면 그 은유는 점점 정교화를 거치며 더 복잡해진다. 전통적 제사를 생각해 보면 쉽게 이해가 될 것이다. 어떤 음식을 만들고 어떻게 배치하고 행동할 것인지에 대한 것들이 매우 상징적이며 복잡하다. 혹시나 내가 어떤 의례들을 무의식적으로 반복하고 있다면 그 행동에 어떤 의미가 있는지 한 번쯤 그 이유를 생각해 볼 만하다.

우리의 행위는 일반적으로 시간과 공간을 초월할 수 없다. 즉, 우리의 뇌는 행위를 시간이나 공간과 묶는다. 뇌에서 한 덩어리로 묶여 있으므로 우리는 어떤 특정 행위나 사건을 시간이나 공간을 통해서 불러낼 수 있다. 그래서 '419', '518'과 '911' 등 시간은 의미를 압축하고 해당 사건을 생각하게 한다. 여행을 가면 자신이 좋아하는 스타, 작가나 음악가의 생가 또는 묘지를 찾는다. 그는 죽고 없지만 그가 만지고 쓰고 연주하던 사물이나 그가 묻힌 장소는 그곳에서 우리를 그와 연결한다. 마치 겨울에 꽃과 잎이 다 떨어진 나뭇가지가 봄, 여름, 가을 모두를 연상시키는 힘과 같다.

이야기 +

내가 좋아하는 유명인과 관련된 장소, 시간 및 물건을 나열해 보자.

14. 형태

우리는 어떤 문장을 글로 적음으로써 훨씬 쉽게 그
문장을 선형적인 순서상의 낱말들을 갖는 공간적
대상으로 개념화할 수 있다. 우리의 공간적 개념은
자연스럽게 언어 표현에 적용된다. 즉 우리는 어떤
낱말이 문장의 첫 번째 위치를 차지하는가, 두 낱말
이 서로 얼마나 가까이 또는 멀리 떨어져 있는가,
어떤 낱말이 비교적 긴가, 아니면 짧은가를 아는 것
이다.

- 레이코프 & 존슨, 《삶으로서의 은유》

"이 편지에 내 마음을 담았어요."

언어세계의 형태는 현실세계의 형태를 모방할 수 있다. 현실세계에서 그릇에 음식을 담듯이, 언어세계에서 말이나 글이라는 형태에 의미를 담는다. 언어 형태와 언어 의미를 [언어 표현은 그릇] 은유를 통해 이해하는 것이다. 그렇게 모습이 없는 의미는 형태를 가진 것에 실려서 전달되고 드러나고 살펴볼 수 있게 된다.

"레이코프는 마셨다."
"존슨은 마시고 마시고 마시고 또 마셨다."

[형태의 많음은 내용의 많음] 은유다. 어느 날 레이코프와 존슨이 강의를 마치고 함께 술을 마신다고 생각해 보자. 위의 두 문장을 보면 누가 더 많이 마셨을 것이라 생각이 되는가? 당연히 동사 '마시다'가 여러 번 쓰인 존슨이 더 많이 마셨다고 생각하게 된다. 형태의 많음이 내용의 많음으로 연결되기 때문이다.

"그는 귀가 매우 크다."

"그녀는 귀가 매우 매우 매우 크다."

그의 귀는 어느 정도 큰 것 같지만, 그녀의 귀는 부사 '매우'가 반복된 수에 비례해 엄청 클 것 같다. 카카오톡을 사용하다 보면 'ㅋ', 'ㅋㅋ', 'ㅋㅋㅋ'는 느낌이 다르다. 같은 단어라 할지라도 형태의 양이 내용에 변화를 가져온다.

다음은 [가까움은 영향의 강도] 은유를 보자. 물리적으로 멀어지면 서로 영향을 미치기 어렵다. 이 물리적 관계는 한 문장 안에 있는 요소 사이에도 적용된다. 문장 안에서 가까운 요소끼리 더 많은 영향을 주고받는다는 것이다. 예를 들면, 부정어가 가까이 있으면 그 부정의 영향이 더 강하다. "그는 행복하지 않아."와 "그는 불행해." 중 어떤 것이 행복을 더 강하게 부정하는가? 후자처럼 부정어가 행복을 나타내는 요소와 더 가까운 경우 그 부정의 강도가 더 강하다.

이야기 +

우리는 질문에 상승조 억양을 사용하고, 서술에는 내림조 억양을 사용한다. 여기에는 어떤 은유가 있는 것일까?

15. 나 중심 지향성

사람은 전형적으로 직립 자세에서 여러 기능을 수
행하고, 앞쪽을 향해 보거나 이동하고, 대부분의 시
간을 여러 가지 행위를 하면서 보내고, 자신을 기본
적으로 선하다고 보기 때문에, 우리 자신을 [아래]
보다는 [위], [뒤]보다는 [앞], [수동적]보다는 [능동
적], [나쁜]보다는 [선한] 존재로 간주하려는 근거를
경험 안에 두고 있다.

－ 레이코프 & 존슨, 《삶으로서의 은유》

신전이나 고딕성당 등이 보여주는 숭고미를 가진 건

축물, 이벤트로 만들어져 기네스북에 등재된 1km가 넘는 엄청난 길이의 피자. 이런 특별한 경우가 아니라면 사람을 위해 만든 것들은 당연히 그 사용자들이 쓰기 적합한 크기로 만들어진다. 우리는 당장 과일 하나를 먹더라도 딸기나 방울토마토는 그냥 먹지만 수박은 먹기 좋은 크기로 잘라서 먹는다. 노트북 키보드들은 내 손가락 크기에 맞아야 하고, 마우스는 내 손안에 들어와야 한다. 모든 인공물은 **휴먼 스케일**human scale에 맞춰 탄생한다. 인간이 만물의 척도다. 요즘 반려동물의 사회적 위상이 높아져서 언젠가는 도그 스케일이나 캣 스케일이라는 용어가 상용될지도 모르겠다.

말과 글은 시간과 공간에서 선형성을 갖는다. 시간적 순서나 공간적 순서를 갖는다는 말이다. 여러분의 이성친구가 집에 놀러왔다고 생각해 보자. 집에는 지금 아버지와 동생이 있다. 누구에게 먼저 친구를 소개하겠는가? 아버지? 동생? 왜 그런 것일까? 바로 윗줄에 벌써 내 고정관념이 들어 있다. 나는 '동생과 아버지'가 있다고 말하지 않고 자동적으로 '아버지와 동생'이라고 말했다. 같은 범주의 요소들이라면 앞에는 내가 더 중요하게 생각하는 것들이 나온다. '휴먼' 스케일에서 한 단계 더 들어가서 '나' 스케일이 되겠다. 이를 쿠퍼와 로스는 '**나 중심 지향성**ME-FIRST orientation'이라고 한다. 나에게서 가깝거나 눈에 띄는 것부터 집중하는 것은 자연스럽다.

'위아래', '앞뒤', '능동수동', '선악', '여기저기', '지금과 그때'

위에 있는 표현들을 거꾸로 말하면 부자연스럽다. 우리에게 '위', '앞', '능동', '선', '여기', '지금'이 더 우선되는 정보이기 때문이다. 다른 책에서도 이야기한 적이 있는데 '한중관계'는 중국에서는 '中韩关系 중한관계'가 된다. 재미있는 점은 '한중일'의 경우 중국에서는 '중일한', 일본에서는 '일중한'으로 한국이 보통 맨 뒤에 놓인다.

초급 중국어 교재에서 가족관계를 물어보면 전형적인 대답이 있다. "아버지, 어머니 그리고 나" 가족구성원들이 나열되는 순서는 중국어 본문이나 교재 맨 뒤에 있는 한국어 해석에나 동일하다. 중국어 원문의 순서를 고려한 번역이라고 말하기는 어렵다. 왜냐하면 우리는 '레이디 앤 젠틀맨'을 '숙녀 신사 여러분'이 아니라 '신사 숙녀 여러분'으로 번역하기 때문이다.

이야기 +

휴먼 스케일에 어긋나는 상상을 적어도 다섯 가지 이상 해 보자.

16. 시간

우리는 추상적 시간을 어떻게 이해하고 있을까? 레이코프와 존슨은 ≪삶으로서의 은유≫에서 영어의 시간은 [시간은 움직이는 물건] 은유나 [시간은 정지해있고 우리가 그것을 통해 움직인다]는 관점에서 구조화된다고 말한다. 결국 존재론적 은유를 통해 형체가 없는 시간을 하나의 대상으로 만들고, 그 시간이란 대상이 우리를 향해 움직이거나 우리가 시간을 향해 이동한다는 것이다.

"이번 시험은 망쳤지만, 다음 시험은 제대로 준비해

서 보려고."

'시험'이라는 시간이 개체 A가 되어 내 앞에 서
있다. '다음'이라는 표현을 쓰는 것을 보면 시험 B는
시험 A 뒤에 서 있다. 아마도 다다음 시험 C는 B 뒤
에 서 있을 것이다. 시험을 계속 보는 경우라면 이렇
게 내 앞에 시험들이 도미노처럼 차례로 줄을 지어
서 있게 된다. 그리고 자리를 잡으면 둘 중 하나가 움
직이기 시작한다.

"시험기간이 다가온다."

나는 부르지 않았는데 시험기간이 내게 다가온
다. [시간은 움직이는 물건] 은유가 적용된 것이다.
시험처럼 부담스러운 시간만 오는 것은 아니다. "곧
방학이 다가온다."나 "벌써 헤어질 시간이 왔어."처럼
기다리던 시간이나 아쉬운 시간 등 다양한 모습의 시
간들이 우리를 스치고 지나간다. 그래 지나간다. 그
래서 우리는 지날 과過와 갈 거去를 합쳐 지나간 시간
을 과거過去라 한다. 나타날 현現과 있을 재在가 만나

우리 앞에 지금 펼쳐지는 것을 현재現在라 하고, 아닐 미未와 올 래來가 만나면 아직 오지 않은 시간을 가리키는 미래未來가 된다. 모두 나는 여기 서 있고 시간들이 내게 다가오는 그림들이다. 시간은 멈춰 있고 우리가 그 시간을 향해서 가는 경우도 있다.

"조금만 더 집중하자. 이제 곧 강의 마칠 시간이야."

교수가 계속해서 거짓말을 한다. 분명히 조금 전에도 같은 말을 했다. 어쨌든 강의가 시작되었다면 우리는 이미 끝나는 시간을 향해 가고 있다. 그런 시간들이 모여서 졸업을 향해 달려가고, 이전부터 바랐던 꿈에 다다르고, "그 어떤 고난의 시간도 우리가 함께라면 헤쳐나갈 자신이 있어."라는 말로 결혼에 골인하기도 한다. 이렇게 우리는 고정된 일련의 시간들을 향해 이동할 수 있다.

위에서 말한 것들은 시간이 우리의 앞에 있다가 우리의 뒤로 가는 경우나, 우리 앞에 있는 시간을 향해 우리가 이동하는 경우이다. 여기에는 방위 '앞-뒤'가 사용되었다. 하지만 문화마다 대안적 은유들이 존재하는 경우도 있다. 중국어에서는 시간이 '위에서 아래'로도 이동한다. 그래서 우리의 오전午前이나 오후午後처럼 '앞-뒤前後'로 이해되는 것들이 중국어에서는 상오上午나 하오下午처럼 '위-아래上下'를 통해 체계를 갖춘다. 어떤 학자들은 중국에서 종이가 발명되기 전 사용하던 대나무 조각 죽간竹簡을 사용하던 경험이 원인이라고 설명한다. 하지만 일본에서는 아직도 위에서 아래로 오른쪽에서 왼쪽으로 읽어야 하는 서적들이 많이 나오는 데도 불구하고 중국처럼 시간을 이해하는 데 '위-아래上下'를 사용하지 않는 것을 보면 부족한 설명이다. 중요한 것은 우리가 시간을 이해하는 데 한 가지 방식만 존재하지 않는다는 점이다.

이야기 +

시간에 관한 표현을 찾고 어떤 은유가 사용되었는지 생각해 보자.

제2부

은유: 몸에서 문화로

은유가 특별한 것이 아니라 일상적이라는 걸 알았다. 그런데 사람들마다 사용하는 은유가 다른 것은 왜 그럴까? 졸탄 쾨벡세스는 《은유와 문화의 만남》에서 우리가 가진 보편적 '몸'과 각 사회의 개별적 '문화'가 은유에 보편성과 다양성을 가져온다고 주장한다. 그래서 서로 다른 은유를 비교하면 각 지역이나 문화의 다름을 이해할 수 있다.

1. 보편성: 몸

은유가 인간의 몸과 뇌가 기능하는 방식에 기초하
고, 우리가 인간으로서 이런 기능의 층위에서 서로
같다고 한다면, 사람들이 사용하는 대부분의 은유도
결국 개념적 층위에서 꽤 비슷하고 보편적이어야
한다는 것이 그 대답이다.

     – 졸탄 쾨벡세스, ≪은유와 문화의 만남≫

인간은 몸으로 세상과 상호작용하며 살아간다. 사람
들의 몸이 서로 큰 차이가 없으니 경험은 유사성을
갖게 된다. 이 유사성은 한국인, 중국인, 미국인 등

다양한 환경의 사람들이 언어가 다름에도 불구하고
비슷한 은유를 사용하게 하는 기초가 된다. 아래 어
휘들을 천천히 살펴보자.

눈 앞眼前/안전, 등 뒤背後/배후, 머리 위頂上/정상

'눈'은 방향 '앞'을 나타내는 참조점이 되고, '등'
은 방향 '뒤'를 지시하는 데 사용되며, '머리'는 방향
'위'를 표현하는 데 쓰였다. 이런 방식의 사용은 괄호
안의 한자어에도 해당된다. 생존에 가장 기본적인 방
위를 정하는데 '몸'을 사용한다는 것은 몸이 우리가
세상을 이해하는 데 기초가 된다는 점을 보여준다.
혹시 잘 이해가 가지 않는다면 거꾸로 생각해 보자.
'눈 뒤', '등 앞', '머리 아래'는 어색하다. 역시 앞,
뒤, 위 등 방향은 몸의 위치를 확장해서 쓰는 것이 자
연스럽다. 중국어에도 위의 한자어들이 쓰이고, 영어
에서는 아예 등을 나타내는 표현 back이 뒤를 나타
낼 때도 사용된다. 물론 몸이라는 근원영역에서 어느
부분을 어떤 방식으로 사용하는가는 문화마다 약간의
차이를 보인다.

　사람이라면 모두 갖고 있는 몸 자체나 몸을 통한 경험은 목표영역을 이해하는 데 사용되기 쉽다. 그래서 서로 다른 문화권의 은유가 보편성을 가질 가능성이 생긴다. 이 가설을 살피기 위해 인지심리학, 뇌 과학 등 인지과학의 다양한 영역에서 많은 연구와 실험들이 이루어지고 있다.

　인지심리학의 '신체화' 연구에서 진행된 한 실험부터 보도록 하겠다. 이 실험은 배고픔과 관련된 사람들의 신체적 경험을 탐구하는 것이다. 실험에서는 우선 피실험자들에게 배고픔에 적절한 경험과 그렇지 않은 경험을 구분하게 한다. 예를 들어 배고프면 음식 생각이 나면서 침이 고이는 것은 자연스러운 경험이지만, 말이 많아지는 것은 적절하지 않은 경험일 것이다. 그래서 우리는 "권력에 굶주렸다."라는 은유 표현에 권력에 굶주린 대상을 침을 흘리는 이미지로 표현하는 것은 자연스럽지만 말이 많아지는 이미지는 어색하게 느껴진다. 이것은 일단 은유가 사용되면 우리의 경험이 구성한 근원영역배고픔의 구조가 목표영역권력에서 그 구조를 보존하기 때문이다. 이 외에 뇌 과학의 실험들은 한 신경 집단근원영역이 활성화

될 때 다른 신경 집단목표영역이 함께 활성화된다고
말한다. 우리가 은유를 사용할 때마다 자극받는 두
영역이 하나로 묶이는 **공활성화**co-activation를 겪는
것이다. 인지과학에서 언어학이나 철학이 스케치를
하면 심리학이나 뇌과학이 색을 더해 그림을 완성하
는 느낌이다.

이야기 +

신체를 이용한 은유 표현을 찾아보자.

2. 보편성: 감정

감정은 우리 몸속에 있다. 감정은 피와 같은 몸속의
액체와 상관성을 이룬다. 통제는 물질을 그릇 내에
두는 것이다. 다시 말해, 일차적 은유가 같은 어족
이 아닌 언어들과 문화들에서 발생할 수 있는 것은
물론이고, 널리 공유되는 경험과 지각에 기초하는
사상을 가진 복합적 은유도 그렇다.

　　　　　　　－ 졸탄 쾨벡세스, ≪은유와 문화의 만남≫

너무 보고 싶던 친구를 오랜만에 만났거나, 힘겹게
준비해 오던 시험에 드디어 합격했다고 상상해 보자.

갑자기 기쁨에 에너지가 뿜어져 나와 하늘을 날 것처럼 붕붕 뜨는 느낌을 받거나 가슴이 벅차서 이 에너지를 소리라도 쳐서 발산하고 싶어진다. 명상하듯이 차분해지면서 가라앉는 느낌이 들지는 않을 것이다. 이런 신체적 느낌은 어떤 문화에 속해 있는 사람이라도 일반적으로 갖게 되는 경험이다. 그래서 문화 간 교류가 없었더라도 비슷한 은유를 사용하는 경우를 보게 된다.

"너무 좋아서 날아갈 것 같아."

"I'm feeling up."

"他很高兴."

확실히 [행복은 위]다. 영어에서 행복은 'up'되는 느낌이고, 중국어에서도 흥興이 높게高 솟구치는 것을 기쁨을 나타내는 데 사용한다. 가슴이 벅찬 느낌도 문화마다 사람마다 비슷한 것 같다.

"그녀는 행복으로 가득 차 있다."

"I am bursting with happiness."

"他心中充满喜悦."

　[행복은 그릇 속의 액체]다. 내 몸은 그릇이 되어 행복과 기쁨으로 가득 찬다. 영어를 쓰는 사람도 행복으로 burst가득 차 있다하고, 중국어를 쓰는 사람들도 기쁨喜悦으로 충만充满하다. 감정에 수반되는 감각들이 비슷해서 각 언어의 은유 표현도 닮아 있다.

　그릇 은유가 더 세밀하게 활용되는 감정은 '화'이다. 화火가 나면 몸에 열이 오르면서 얼굴이 붉어진다. 물론 화가 나면 실제로 피부 온도, 혈압, 맥박 수의 변화가 생기지만 사실 생리적 현상에 대한 과학적 지식은 그다지 중요하지 않다. 언어에 반영되는 것은 우리가 그렇게 느낀다는 주관적 체험이기 때문이다.

"분노가 타오르다."
"화가 치밀어 오르다."

　화는 불처럼 타오르거나 머리까지 치밀어 오른다. 화가 치밀어 내려가거나 발이 후끈거리는 경우는

찾기 어렵다. 이는 다른 언어에서도 비슷하다. 하지만 화는 우리의 몸에 열이 나는 신체적 경험에만 의존하지 않는다. 그래서 아래와 같이 불 이외에 '적', '물건', '식물' 등 다양한 근원영역을 통해 이해할 수도 있다.

> "화를 <u>누르기</u> 어려운 건 알지만, 분을 못 이겨서 실수하지 않기 바란다."
> "제가 왜 노여움을 <u>사게</u> 된 건지 모르겠습니다."
> "분노의 <u>뿌리</u>가 깊다."

물리적으로 같은 신체 활동이라도 문화마다 다른 근원영역을 사용하거나, 같은 근원영역을 사용하더라도 각기 다른 부분을 강조할 수 있다. 그럼에도 불구하고 신체적 경험에 의해 만들어진 일차적 은유에 가장 많은 보편성이 존재할 것으로 보인다.

이야기 +

1. '행복'에 관한 은유 중 내가 가장 많이 쓰는 표현을 말해 보자.

2. '불'이 아닌 다른 근원영역이 쓰인 '화'에 관한 은유 찾아보자.

3. 보편성: 사건

사물의 상태는 특별한 위치에서 얻을 수 있고, 이동은 위치 변화로 이어지고, 힘은 종종 가시적인 방식으로 사물에 영향을 미치고, 목적을 달성하고자 한다면 종종 특정한 목적지로 이동해야 하고, 때때로 목표를 달성하기 위해서는 목적지로 이어지는 경로들 가운데 하나를 선택해야 한다는 것이 이런 하위사상들이다. 신체적 경험에서의 이런 상관성은 이런 하위사상들에 독립적인 동기를 제공하고, 이런 상관성들은 함께 사건 구조 은유의 존재를 동기화한다.

－졸탄 쾨벡세스, ≪은유와 문화의 만남≫

살다 보면 하루에도 수많은 크고 작은 사건이 생긴
다. 추상적 개념 '사건'은 주관적이고 모호하다. 다음
과 같은 일이 발생했다고 하자.

> "카페에서 글을 쓰다가 노트북 옆의 컵을 쳤다. 커
> 피가 쏟아지려는 순간 다행히 민첩하게 컵을 잡아
> 서 최악의 상황을 막아냈다. 그걸 본 앞 테이블의
> 사람들이 박수를 친다."

이 이야기는 하나의 사건인가? 아니면 몇 개의
사건? 상황을 다 지켜본 앞 테이블 사람이 오늘 일기
를 쓴다면 위의 요소들카페. 노트북. 컵 등이 전부 나
오도록 쓸까? 어디서부터 어디까지를 하나의 사건으
로 볼지도, 사건의 핵심요소가 무엇인지도 사람마다
다를 수 있다. 하지만 상태, 변화, 원인, 행동, 목적
과 같은 추상적 사건의 양상들을 위치, 운동, 힘 등의
물리적 개념으로 이해하는 것은 문화보편적이다. 한
국어, 영어와 중국어의 경우를 몇 가지만 보자.

> "그녀는 필라테스에 푹 빠졌다."

94

"They are in love."그들은 사랑에 빠졌다.

"中美关系正处于什么样的状态？"중미관계는 어떤 상태에 놓여 있는가?

[상태는 위치]가 된다. 건강이 제일이라는 생각으로 시작한 필라테스 운동은 하나의 위치가 되어 내가 거기에 빠질 수 있게 된다. 사랑이라는 감정상태가 위치가 되어 그와 그녀는 그 안in에 있을 수도 있고 언젠가는 빠져나올 수도 있다. 그리고 늘 시끄러운 중미관계라는 상황도 어떤 위치에 놓일 수 있는데 그 위치는 좋은 곳일 수도 나쁜 곳일 수도 있다.

"수박이 맛이 갔다."

"He went crazy."그는 미쳤다.

"他终于困境中走了出来。"그는 마침내 곤경에서 벗어났다.

[변화는 이동]이 된다. 어제 마트에서 샀는데 수박이 왜인지 맛이 갔다. 맛이 여기에 있으면 좋은데 갔다. 여기에는 내게서 [가까운 것은 좋음, 먼 것은

나쁨]이라는 은유도 중복되어 있다. 영어 화자는 미칠 때 가만히 있지를 못하고 어디론가 간다^{go}. 그는 곤경이라는 상태에 있다가 결국 그 위치에서 나오게 된다. 이렇게 위치는 어떤 상태를 나타내고 우리는 그 상태에 있거나 벗어나거나 할 수 있다.

"그는 노력 끝에 원하던 자리에 <u>올랐다</u>."

"He finally <u>reached</u> his goals."그는 마침내 목표에 도달했다.

"怎么才能<u>达到</u>目标."어떻게 해야 목표에 도달할 수 있는가.

[목적은 목적지바라는 위치]다. 상태가 위치이므로 원하는 상태는 가고자 하는 목적지가 된다. 그래서 우리는 어떤 자리위치에 가고자 할 수 있다. 그 자리가 좋은 자리라면 [좋은 것은 위]라는 은유가 사용되어 그 자리에 올라간다고 말하게 된다. 그리고 목표goal/目标에 닿거나reach 도달한다达到는 표현을 쓸 수도 있다.

"4차 산업혁명 시대가 다가온다."

"The flow of history"역사의 흐름

"改革开放给中国带来了巨变."개혁개방은 중국에 큰 변화를 가져왔다.

[외부 사건은 이동하는 큰 사물]이다. 그래서 '4차 산업혁명'이 우리에게 다가오거나, '역사'가 하나의 흐름이 되거나 중국의 '개혁개방'이라는 사건이 커다란 변화를 가져오기도 한다. 다른 언어들이 이렇게 유사한 은유를 갖게 된 것은 그 언어 사용자들이 '사건'을 이해하는 데 모두 '공간이동'이라는 근원영역을 사용하고 있기 때문이다.

이야기 +

'사건'에 사용할 만한 다른 근원영역이 있는지 알아보자.

4. 다양성: 문화 간 은유 변이

이 은유는 상술할 수 있는 많은 것을 상술하지 않는
다. 예컨대, 이 은유는 어떤 종류의 그릇을 사용하
고, 압력이 어떻게 발생하고, 그릇이 가열되었는지
어떤 물질액체, 물질, 사물이 그릇을 채우는지, 폭발로
어떤 결과가 생기는지에 대해서는 말하지 않는다. 이
은유는 총칭적 도식을 구성하며 이 은유를 가진 각
각의 문화가 이 도식을 채우는 것이다. 총칭적 도식
과 일치하여 채워지는 은유는 일치적 은유Congruent
metaphor라고 부른다. 총칭적 도식이 채워질 때, 이
도식은 특정 층위에서 특유한 문화적 내용을 받는다.
　　　　　　　　ー졸탄 쾨벡세스, ≪은유와 문화의 만남≫

쾨벡세스는 위에서 감정 '화'가 유사한 경험을 토대로 하더라도 문화적 차이에 따라 서로 다른 은유가 존재할 수 있다고 한다. 그 예로 중국 사람들은 화에 대응하는 것으로 기체인 기氣를 사용하지만, 영어에서는 화를 액체를 통해 이해하고 있다고 주장한다. 중국 철학과 의학의 역사에서 중요한 위치를 차지하는 '기'가 은유의 사용에 영향을 미친다는 것이다. '기'는 한국에서도 익숙한 개념이다.

　"기가 막히다."
　"기가 차다."

　　기의 흐름이 어떤지 그 상태를 통해 감정을 나타내고 있다. 하지만 한국어에서 생기生氣는 싱싱하고 힘찬 기운이라는 뜻으로 '기'가 그냥 기운을 나타내지만, 중국어의 생기生氣는 화를 '내다'라는 뜻이 되어 '기' 자체가 특정 감정 '화'를 나타낸다는 점에 차이가 있다. 생리적 현상이 반영된 감정 은유도 문화적 내용에 따라 상세한 부분에서 차이를 보일 수 있다는 점을 알 수 있다. 그래도 한국어와 중국어에 모두 존재하는 노기충천怒氣衝天이라는 말을 보면 화가 '위'로 솟는다는 점은 같다. 한의학에서는 수승화강水升火降으로 차가운 기운은 올라가게 하고 뜨거운 기운은 내려가게 해야 건강을 유지할 수 있다며 같은 은유를 바탕으로 조언하고 있다.

쾨벡세스가 인용한 Niki koves2002의 헝가리 사람과 미국 사람의 인생에 대한 인식 조사 결과는 다음과 같다. 헝가리 사람들은 인생을 '전쟁'과 '투쟁'으로 이야기하고, 미국 사람들은 인생과 관련해 '귀중한 소유물'에 대해 이야기한다. 또 헝가리 사람들은 인생을 '타협'으로 간주하는 반면, 미국 사람들은 인생을 '게임'으로 여긴다. 이런 차이는 어디에서 생기는 것일까? 헝가리 사람들은 '소유물'에 대한 욕심이 없고 '게임'이라는 개념에 무관심한 것일까? 미국에는 '전쟁'의 역사가 없고 '타협'이라는 개념에 익숙하지 않은 것일까? 그렇지 않다. 이는 문화 간 변이가 어떤 근원영역의 유무가 아니라 선호하는 영역을 선택하는 문제라는 것을 보여준다. 이 조사 결과는 헝가리 사람과 미국 사람들이 인생을 이해하는 데 선호하는 근원영역이 무엇인지 알게 하지만 그 근원영역을 왜 선호하는지에 대한 궁금증을 남긴다.

이야기 +

[인생은 ○○이다] 은유에 여러분이 사용하는 근원영역(○○)이 무엇인지 살펴보자.

5. 다양성: 문화 내 은유 변이

사회언어학자들은 언어가 사회의 이런저런 구분에 따른 많은 변이를 보여준다고 지적한다. 그들은 또한 이런 경험의 차원에 의해 구분되는 사람들의 경험이 다르기 때문에 언어도 다르다고 말한다. 그래서 은유가 인간 경험을 보여주고 어떤 경우에는 인간 경험을 구성한다는 것이 사실이라면 이런 사회적 구분에 따라 개념적 은유이든 언어적 은유이든 간에 은유가 다를 것으로 예상하게 된다.

　　　　　　　　　　　- 졸탄 쾨벡세스, ≪은유와 문화의 만남≫

쾨벡세스는 삶의 다양한 구분들을 차원dimension이라 한다. 은유 변이는 문화 내에서 사회적 차원, 문화적 차원, 지역적 차원 등에서 나타난다. 사회적 차원은 사회를 남자와 여자, 젊은이와 노인, 중산계층과 노동계층으로 구분하는 것과 관련 있다. 여기서는 남자와 여자에 대한 은유가 어떻게 다른지 살펴보자.

영어 사용 국가에서 여자는 작은 모피동물bunny, kitten, 새bird, chick, 맛있는 음식cookie, dish, sweetie pie이 된다고 한다. 하지만 남자에 대해 이야기할 때는 이런 은유가 잘 쓰이지 않는다. 은유 사용에 비대칭적 현상이 존재하는 것은 여러 나라에서 쉽게 볼 수 있다. ≪은유와 문화의 만남≫에서 Hiraga는 일본에 여성을 상품으로 기술하는 은유 표현이 굉장히 많다고 한다. 이는 한국도 마찬가지다. 표준국어대사전에는 다음과 같은 표현이 있다.

"몸을 팔다."
"몸을 더럽히다."

　사전을 검색하면 뜻풀이가 각각 다음과 같다. "여자가 돈을 받고 매매춘에 종사하다.", "여자가 정조를 빼앗기다." 한 사회가 공유하는 언어 표현이 그 사회의 고정관념이라고 하면, 사전은 옳고 그름을 떠나 그 사회를 드러내는 빅데이터다. 위의 표현들에서 몸은 비대칭적으로 여성만을 나타내고 있다. 여성의 몸은 상품처럼 취급되고, 정조는 의지와 무관하게 지켜야 한다는 억압이 담겨 있다. 남녀에 대한 위와 같은 은유 표현이 연령, 성별, 직업, 지역 등 다양한 차이에 따라 다르게 나타날 수 있고, 해당 표현에 대한 감수성도 다를 수 있다.

　또한 같은 언어라도 방언처럼 지역적 차원의 은유 변이가 있을 수 있다. 미국영어에서 비롯된 많은 은유 표현이 영국영어에서도 사용되는데, 쾨벡세스는 미국영어의 은유 표현이 갖는 '신선함'과 상상적 '힘'은 미국 정착자만이 아는 새로운 풍경과 활동이 만들어낸 것이라 말한다. 이 외에 주제나 화제 등 문체적 차원의 은유 변이가 있다.

　"호랑이 코털 뽑겠다."데일리안 2011.6.20.

"거침없는 곰, 호랑이 등 올라탈까" 서울신문 2017.8.6.

첫 번째 문장은 연고전에서 연세대 농구선수가 고려대 농구팀을 자극하면서 했던 말이다. 연세대와 고려대가 각각 독수리와 호랑이로 상징된다는 것을 안다면 위의 표현을 이해하는 것이 어렵지 않다. 은유를 확장해서 사용하려면 맥락지식이 필요하다. 고려대 농구선수가 반격을 하려면 독수리에서 코털이 아니라 다른 것을 찾는 것이 좋을 것 같다. 두 번째 문장은 두산과 기아가 각각 곰과 호랑이로 팀을 상징한다는 것을 알면 사용이 가능하다. 여기서도 마찬가지로 호랑이라는 맥락을 이용해서 호랑이 등에 올라탄다고 말하고 있다. 팀의 이름이나 상징은 승패에 대한 은유를 선택하는 데 영감도 주고 제약도 가한다. 우리의 상상력은 무한대일 것 같지만 늘 바로 이전까지의 지식을 상상력의 기초로 한다.

이야기 +

인종, 연령 및 사회계층에 관련된 은유 표현을 찾아보자.

6. 다양성: 창조

창조적인 천재는 특정한 목표영역의 범위를 확장할
수 있는 능력을 가지고 있다. 시에서 중요하게 등장
하는 한 가지 목표영역은 '인생'이다. 우리는 앞 장
에서 전쟁, 귀중한 소유물, 여행을 포함해 이 목표
영역에 대한 많은 관습적인 근원영역을 보았다. 그
러나 시인들과 예술가들은 종종 이 개념을 다양하
게 이해할 때 새로운 근원영역을 창조한다.

　　　　　　　－ 졸탄 쾨벡세스, ≪은유와 문화의 만남≫

창의성은 그 중요성과 사람들의 관심만큼 다양한 정

의가 존재한다. 단순히 사전적 정의만 보면 "새로운 것을 생각해 내는 특성"이다. 문제는 여기서 '새로운 것'이 무엇을 의미하는가이다. 쾨벡세스는 천재들은 특정 목표영역을 다양한 근원영역을 통해 바라볼 수 있는 사람이라고 말한다. 말은 쉽지만 사람은 '인지적 구두쇠'라 새로운 근원영역을 찾는 일이 귀찮다.

　　나는 학생들에게 가끔 '외계인과 상상력'에 대해 이야기한다. '외계인' 하면 생각나는 이미지가 뭘까? 질문을 받고 나면 우리는 기억의 창고를 뒤지게 된다. 외계인을 본 적이 있다면 그 이미지를 회상하겠지만, 본 적이 없다면 대체 이미지를 찾아본다. 마치 소설을 볼 때 주인공의 모습들을 상상하는 것과 같다. 그 이미지들은 모두 영화, 애니메이션 및 웹툰 등 문화콘텐츠나 자신의 삶에서 가져왔을 것이다. 네이버에서 '외계인'으로 이미지 검색을 하면 몇 가지 패턴만 보인다. 궁금하면 한번 검색해 보기를 권한다. E.T.의 수많은 변형된 모습이나 에일리언 스타일이 대부분이고 참신하다 싶은 것들은 꼴뚜기나 식물 정도가 된다. 창의성도 결국 모두 우리의 근원영역에서 나오거나 몇 가지 근원영역의 요소들이 섞여 나온 결

과물이다. 천재에게는 근원영역이 남달리 많은 것일
까? 아니면 색다른 근원영역을 찾는 데 뛰어난 것일
까? 예술가들은 새로운 은유로 우리를 미지의 세계로
초대하는 마법사다.

"그대를 내 여름날에 비할까요? 그대는 그보다 더
사랑스럽고 온유합니다."

　　요즘도 이런 오글거리는 글들로 사랑하는 사람
에게 마음을 전하는 사람이 있는지 모르겠다. 요즘은
편지 자체가 어색한 사람이 많아졌는지 모르지만, 내
게는 연애와 결혼에 큰 도움이 되었다. 글의 시작은
늘 윗글처럼 셰익스피어의 은유나 수많은 시인들의
도움으로 시작하는 경우가 많았다. 연애기간이 길어
지면 자연스럽게 글의 소재가 반복되는 위기가 온다.
이때는 내가 본 영화, 드라마, 그림, 음악 등 내 주변
의 모든 것들이 목표영역 [사랑]을 표현하는 데 던져
진다. 그 과정에서 얻는 것은 은유가 하나 늘어날 때
마다 사랑에 하나의 의미가 더해진다는 것이다. 하지
만 이런 노력이 없어도 어떤 감정에 깊이 빠지면 은

유는 자동적으로 생성되는 것도 같다.

"전에는 훨씬 뚱뚱했는데 지금은 너무 말랐어. 왜
그래? 자신감을 가져."

영화 〈중경삼림〉에서 633(양조위)이 실연 후 젖은
수건, 비누 등 집에 있는 물건 하나하나에 자신의 슬
픔을 투사하는 장면이다. 시간이 흐를수록 작아질 수
밖에 없는 비누. 그렇게 작아져만 가는 비누에서 자
신을 발견한 그의 독백이다. 아니 비누라는 거울에
비친 자신과의 대화다. 내가 기쁠 때는 모든 것이 다
아름답게 보이고, 내가 슬프면 모든 것이 다 애처롭
게 보이는 것이 인간이라면 은유 표현은 그 감정을
비추는 거울이다.

이야기 +

우리는 이제 외계인이 나오는 영화를 만들 것이다. 지
금까지 없었던 외계인의 이미지를 제안해 보자.

7. 다양성: 개인적 차원

평범한 사람들도 남들과 다른 자신만의 독창적 이해를 보여주는 경우가 많다. 이 독창성은 보통 개인적 경험 때문에 생긴다. 가끔 학생들이 외국어 공부를 어떻게 할지 방법을 물을 때 하는 말이 있다.

"스포츠센터에 가면 가끔 팔이나 가슴운동만 하는 사람들이 있어. 그러면 꼭 주변에 3대 운동이니 분할 운동이니 하면서 그 사람의 운동법을 고치려는 사람이 나오더라. 훌륭한 조언이지만 원하지 않았던 경우에는 조언을 들었던 사람이 다시는 오지 않아.

나는 우선 끌리는 부분에 집중해도 된다고 생각해. 그렇게 하다 보면 팔만 두꺼워지겠지. 그럼 그 사람은 균형에 대해 고민하기 시작하고 자신의 방식을 개선할거야. 나는 우선 즐거워서 운동하는 시간이 늘어야 한다고 생각해."

교재, 인터넷 강의, 유튜브, 드라마… 공부 자료가 넘쳐난다. 그러면 공부가 수월해질 것도 같은데 오히려 선택장애가 온다. 조금 하다가 방법이 틀렸다고 자책하고 방법만 계속 바꾼다. 그래서 나는 우선 한동안 지속이 가능한 방법을 찾는 데 집중하라고 말한다. 학생들의 비슷한 질문에 비슷한 은유로 반복적으로 답을 하니 내가 요즘 학교 스포츠 센터에 자주 간다는 사실을 알게 되었다. 게임, 무술, 댄스, 알바. 지금 내 하루하루는 새로운 생각을 위해 언제 쓰일지 모를 소중한 아이템들이다.

퀘벡세스의 대학 동료 중 한 명은 말할 때 '배'나 '해군'과 관련된 은유 표현을 많이 사용하는데 그이유는 그가 10년 이상 해군 장교로 복무했기 때문일것이라고 한다. 같은 이유로 헤밍웨이는 스페인에서

투우를 했고, 아프리카에서 큰 사냥감을 사냥했으며, 플로리다에서 고기를 잡았기 때문에 이 활동들이 그의 작품에 상징들이 된다고 한다. 결국 어제까지의 삶으로 오늘을 이해하므로 체험은 이해에 직접적이다. 그래서 어디에서 무엇을 보고 들을 것인지 잘 선택해야 한다.

제자들과 다양한 방식의 수업을 해 보고 싶어서 교내에서 교수들을 대상으로 진행하는 교수법 특강을 자주 듣는데 하루는 한 교수님이 학생들이 무엇을 원하는지 파악하는 방식에 대해 말씀해 주셔서 공감도 가고 큰 도움이 됐다. 하지만 그 과정에서 "교육 서비스 품질"이라는 용어를 자주 사용하셨는데 내게는 좀 어색했다. 연구실로 돌아와서 검색해 보니 관련 용어로 된 수많은 논문과 기사가 있었다. '서비스'는 "생산된 재화를 운반·배급하거나 생산·소비에 필요한 노무를 제공함"이라 관련 술어는 '제공하다', '요구하다' 등이다. 그럼 이 프레임에서 교수와 학생의 대응 요소는 무엇이 될까? 교수는 양질의 강의를 생산해서 학생에게 제공하고 학생들은 소비하거나 클레임을 걸면 되는 걸까? 교육까지 자본주의 프레임에 종속되어야 하는 걸까? 캠퍼스는 그 프레임에서 자유로웠으면 한다. 나는 학교의 지원을 받아 많은 수업을 '사제동행모형師弟同行模型'으로 만들었다. 이를 통해 수업 중에 전문가 특강이나 현장체험 등 다양한 프로그램을 진행하며 학생들과 더 긴밀하게 소통할 수 있게 되었다. '스승'과 '제자'가 함께 나아간다는 프레임이 매력적이다.

이야기 +

교육에는 어떤 은유가 많이 사용되면 좋을지 이야기해 보자.

8. 다양성: 연상 이미지

문화마다 다르게 사용하는 은유는 해당 문화가 사
물을 바라보는 동등하게 잘 동기화된 방법들 가운
데 하나를 간단히 '선택하는 것'에 의해 결정될 수
있다. 이는 관점 선호viewpoint of preference이다.

- 졸탄 쾨벡세스, ≪은유와 문화의 만남≫

앞에서 천재들이 낯선 근원영역을 발굴하거나, 일반
사람들이 자신의 고유한 체험에 기대어 남들이 잘 사
용하지 않는 근원영역을 사용하는 경우 모두 이해하
고자 하는 대상을 새로운 시각으로 바라볼 수 있게

한다는 점을 확인했다. 그럼 같은 근원영역을 사용하는 사람들은 같은 것을 보게 되는 것일까?

> "집에 하루 종일 누워서 방 안으로 쏟아지는 햇살을 만지며 놀았다."

이 글을 읽을 때 A는 침대에 누워 있고, B는 장판 바닥에 누워 있고, C는 다다미에 누워 있다. A는 천장에 설치된 천창을 보고, B는 회전창을 보고, C는 미닫이창을 보고 있다. '집'이라는 공간은 문화마다 다른 모습일 수 있고, 같은 문화 내에서도 다양한 모습을 하고 있다. 그래서 매슈 레이놀즈는 ≪번역≫에서 영국과 그리스에 존재하는 집의 원형을 묘사하면서 모든 문화에 존재하는 'house'가 같은 개념을 갖지 않는다는 점을 강조한다. 결과적으로 근원영역 [집]을 이용한 은유 표현의 경우, 일부 은유는 다른 문화권에서는 이해가 되지 않을 수 있다. 특히 전통문화의 고유한 특색이 짙은 요소들이 더욱 그렇다.

> "얌전한 고양이 부뚜막에 먼저 올라간다."

"대들보 썩는 줄 모르고 기왓장 아끼는 격"

이런 속담을 볼 때면 외국인에게 한국어를 가르치는 선생님들이 정말 대단하게 느껴진다. '집'도 문화마다 서로 다른 이미지를 불러올 수 있지만, '집'의 하위요소인 '부뚜막', '대들보'와 '기왓장' 등은 외국인에게 아예 연상 자체가 불가능할 수 있다. 정리하면 '집', '자동차', '새' 등 기본층위basic level가 연상시키는 것이 지역마다 서로 환경에 따라 다를 수 있다. 한번은 어떤 TV프로그램에서 아르헨티나에서 온 사람들이 한국에는 '자동차'가 왜 다 검은색과 하얀색이냐고 묻는 장면을 봤다. 순간 아르헨티나의 화려한 색들로 반짝이는 올드카가 떠올랐다. 그들이 한국소설에서 '자동차'가 나오는 장면에서 무엇을 떠올릴지 궁금해졌다.

"1893년 미국의 대법원은 "식물학적 견지에서 보면 토마토는 덩굴식물의 열매이므로 과일이다. 그러나 토마토는 밥 먹은 후에 먹는 후식으로 식탁에 오르는 것이 아니라 식사의 중요한 일부이므로 채소다"

라는 판결을 내렸다."

– 〈네이버 지식백과〉

당시 미국은 수입채소에 높은 관세를 매겼기 때문에 토마토 수입상과 뉴욕 세관이 한 판 붙었다. 결과적으로 토마토는 채소가 되어 관세를 물었다는 슬픈(?) 이야기. 범주는 개방되어 있고 우리는 이미 범주화된 대상을 언제라도 재범주화해서 다른 범주에 넣을 수 있다. 그래서 토마토는 각자의 상황에 따라 채소와 과일 사이를 왔다 갔다 할 수 있다. 레이코프와 존슨은 ≪몸의 철학≫에서 어떤 범주의 원형을 선별하고, 그 원형에 따라 다양한 종류의 관련성을 규정하는 '울타리hedges'라고 불리는 수식어를 소개하고 있다. 대표적으로 '가장 전형적으로', '엄밀히 말하면', '대략적으로 말하면' 등이 있다.

이야기 +

지금부터 '집'을 그려보자. 그리고 옆 사람의 집과 비교하며 구체적 차이를 찾아보자.

제3부

혼성: 페이스메이커의 등장

은유가 한 영역을 다른 영역을 통해 이해하는 과정이라는 점을 알았다. 영역들은 늘 비대칭적일까? 그렇다면 '인어'는 무엇이 근원 영역일까? 사람일까? 물고기일까? 영역에 또 다른 모습이 있는 것 같다. 질 포코니에와 마크 터너는 《우리는 어떻게 생각하는가》에서 '개념적 혼성'을 통해 영역들 간 다양한 관계가 있고, 세 개 이상의 영역들이 서로 혼성되어 의미를 발현할 수도 있다고 말한다.

1. 정신공간과 혼성

정신공간은 국부적인 이해와 행동을 목적으로 우리가 생각하고 이야기를 하는 과정에서 구축되는 작은 개념적 꾸러미이다. 정신공간은 요소들을 포함하는 아주 부분적인 집합물로서 이는 프레임과 인지모형으로 구조화된다.

— 포코니에 & 터너, ≪우리는 어떻게 생각하는가≫

'카페'라는 글을 보거나 친구에게 들었을 때 연상되는 것들이 있다. 그 영상은 매우 풍부하다. 커피, 종업원, 테이블 및 의자와 같은 카페에 대한 일반지식과

와플, 피규어, 동물 등 개별적 카페에 대한 경험이 뒤섞여 있기 때문이다. 카페에 관한 이야기가 계속 이어지면 그 정보들은 내가 그린 이미지들을 더 구체적으로 정교화한다. 포코니에가 말하는 **정신공간**mental space은 작업기억을 통해 실시간으로 구성이 되지만 그 정신공간은 안정적이다. 왜냐하면 우리의 반복된 경험으로 일반지식이 된 프레임frame을 정신공간을 구성하는 데 틀 또는 뼈대로 사용하기 때문이다. 여기서 프레임은 마치 고기 몇 점, 마늘, 쌈장, 파채 등 다양한 개별적 정보들을 하나로 묶어주는 상추나 깻잎과 같다.

"이 카페는 어제 간 곳보다 커피는 별로인데 마카롱을 팔아서 너무 좋아."

머리에서 어떤 일이 일어나는지 실시간으로 따라가 보자. 제3부 설명에는 레이코프와 존슨의 '영역' 대신 포코니에와 터너의 '정신공간'이라는 용어를 사용하겠다. 우선 '이 카페'를 듣는 순간 우리의 머리에는 '입력공간1'이라는 현재공간이 생긴다. 그다음 '어제 간 곳'이 '입력공간2'라는 과거공간을 만들고, 비교를 나타내는 '~보다'가 두 카페입력공간1과 입력공간2의 커피를 비교하게 한다. 문장을 끝까지 듣고 나면 어제 갔던 카페입력공간2가 커피 맛에서 승리하지만 오늘 간 카페입력공간1가 마카롱에 의해 만족스러운 공간으로 평가받는다. 단순한 문장 하나가 서로 다른 시간과 장소를 머리에 실시간으로 구축하고 그 정보들을 혼성공간에 모아서 비교하느라 머리를 바쁘게 한다. 마치 컴퓨터에 여러 인터넷 창을 띄우고 작업하는 것처럼. 하지만 우리는 의식하지 못한다는 점에서 정신공간의 활용은 무의식적이다.

여기서 **혼성**blending은 말, 글이나 사진 등 어떤 정보에 의해서 머리에 구축된 입력공간들이 상호작용하는 과정을 말한다. 제3부를 시작하며 예로 들었던 '인어'를 생각해 보자. 입력공간1에 '사람'이 있고 입력공간2에 '물고기'가 있다. 인어를 만들기 위해 입력공간1에서 사람의 상체만 가져오고, 입력공간2에서는 물고기의 하체만 가져온다. 두 이미지를 가져와서 혼성하는 장소가 새로운 정신공간인 혼성공간이다. 인어는 어느 입력공간에도 존재하지 않고 혼성공간에 존재한다. 우리의 최종 이해는 혼성공간에서 나온다. 언어에서 아주 간단한 구문조차도 이런 복잡한 개념적 혼성에 의존한다.

"저 아이는 안전하다."
"저 해변은 안전하다."
"저 삽은 안전하다."

어린아이가 해변에서 삽을 가지고 놀고 있는 상황에서 세 문장 모두 어린이가 해변이나 삽으로부터 다칠 일이 없을 것이라는 뜻이다. 포코니에와 터너는 세 번째 문장에서 삽이 어린아이에게 상처를 입히지 않을까 걱정한다면 어린아이는 혼성공간에서 희생자지만, 어린아이가 삽을 부러뜨리지 않을까 걱정한다면 오히려 삽이 혼성공간에서 희생자일 수 있다고 지적한다. 후자라면 문자 그대로 아이가 아니라 삽이 안전하다는 뜻이다. 같은 방식으로 두 번째 문장도 아이가 음식이나 대소변으로 해변을 위협(?)할 수 있다면 해변이 안전하다는 의미가 될 수 있다.

이야기 +

책을 읽으면서 새로 열리는 정신공간들의 수를 한번
세어보자.

2. 통합과 완성

진화과정에서 우리의 조상은 전형적으로 잠재적인 통합적 사건을 순식간에 인식해야 할 필요가 있던 상황에 있었다. 쓰러지는 나무는 잠재적인 위험과 즉각 연결되어야 하고, 나무가 쓰러질 때 피해서 서 있어야 할 올바른 지점이나 잘못된 지점과 연결되어야 한다. 요컨대, 원인과 결과를 우리의 이해에 결합할 수 있는 것은 진화에서 장점이다.

　　－ 포코니에 & 터너, ≪우리는 어떻게 생각하는가≫

사람들은 공원에 나가서 쓰러진 나무를 보면 어제 바

람이 심하게 불었다고 생각하고, 변을 보면 강아지가 그랬을 것이라 예측한다. 물론 나무를 쓰러뜨린 것이 바람이 아니고, 변을 본 것이 강아지가 아닐 수도 있다. 하지만 특수한 경우들은 인지적 구두쇠인 우리에게 무의미하다. 물론 정확한 원인을 파악해야 할 이유가 있는 경우라면 다르지만 평상시 여러 가지 변수를 생각하는 사람은 거의 없다.

이 책 제1부의 〈환유〉에서 시간이나 공간에서 연속적이거나 자주 함께하는 것들을 반복적으로 경험하면 그것이 하나의 프레임으로 작동한다는 것을 봤다. 프레임이라는 하나의 덩어리가 되어서 한 부분을 들어 올리면 나머지 부분들이 함께 딸려오기 때문에 우리가 언어를 편리하게 사용할 수 있다는 점도 보았다. 예를 들어, 양치하는 사람에게 식사를 했냐고 묻지 않고, 땀에 젖은 옷을 보면서 오늘 운동을 몇 시에 할지 묻지 않는다. 이제 통합에 이어 완성에 대해 살펴보자.

"공원에 고양이, 감아지와 까치가 있다."

대부분 독자들이 '고양이', '강아지'와 '까치'로 수정해서 해석했을 것이다. 전체 맥락에 맞게 부분 요소들은 재정비된다. 지금 종이에 '원'을 그려보자. 아무리 반복해서 그려도 완전한 원을 그릴 수 없다. 그래도 우리는 원으로 이해한다. 매번 다르게 그려진 삐뚤빼뚤한 원도 그리다 만 원도 우리는 전부 원으로 이해한다. 심리학에서 말하는 **게슈탈트**GESTALT를 생각해도 좋을 것 같다. 표준국어대사전에서는 게슈탈트를 "부분이 모여서 된 전체가 아니라, 완전한 구조와 전체성을 지닌 통합된 전체로서의 형상과 상태"라 설명한다. 사람들은 전체를 고려한 익숙하고 자연스러운 해석을 좋아한다.

'ꓩPPLE' 'ꓩOSE'

어떻게 읽혀지는가? '애플'과 '로즈'로 읽혀진다. 이 예문을 만들기 위해 한참 찾은 'ꓩ'은 한글파일 문자표의 '고대 그리스 시대 악보용 기호' 칸에 있다. 같은 글자가 앞에서는 영어 A로, 뒤에서는 R로 읽히기 쉽다. 나머지 글자들과의 관계에서 의미가 정해진 것이다. 이렇게 인지하는 습관 때문에 텔레비전 뒤에 고양이가 숨어서 얼굴만 내밀어도 우리는 그 고양이를 텔레비전 몸통을 가진 고양이로 이해하지 않는다. 고양이의 몸통이 보이지 않지만 있다고 생각하는 것이다. 마치 내가 당신의 얼굴을 보는 동안 뒤통수가 존재할 거라고 확신하는 것처럼. 이런 능력은 삶에 유용하지만 우리를 변화에 둔감하게 만들 수 있다. 라마찬드란 박사가 ≪두뇌 실험실≫에서 말한 것처럼 팔이나 다리를 잃은 사람이 가렵다고 생각해서 지금은 없는 손이나 발목을 문지르기 위해 손을 뻗을 수도 있다. 어제의 기억이 오늘의 행동을 결정하는 경우다.

이야기 +

게슈탈트의 예를 주변에서 더 찾아보자.

3. 허구

거짓은 뚜렷하거나 암시적인 정신공간을 포함하고 있다. 거짓 혼성공간은 나머지 연결망들에 대해 강력한 방식으로 사용되며 궁극적으로 현실에 적절한 추리를 생산한다. 그런 혼성공간은 특별한 정신공간에 대해 새로운 구조와 추리 및 입력공간들 사이의 새로운 외부공간 연결을 가능하게 한다.

— 포코니에 & 터너, 《우리는 어떻게 생각하는가》

포코니에와 터너는 1980년대 영국에서 진행한 우울증에 관한 연구에 대해 소개한다. 연구결과에 따르면 사람들은 의식적으로든 무의식적으로든 복권구입 당시에 당첨이 되면 무엇을 할 것인지 공상에 빠져서 살다가 복권에 당첨되지 않은 사실을 알게 되면 공상세계에서 얻은 것을 잃었다는 느낌에 우울증 증세를 보인다는 것이다. 복권으로 인한 상금은 처음부터 내게 없던 것이므로 잃은 것이 없다. 하지만 사람들의 기대는 현실세계에 존재하지 않는 상금을 개념세계에 확실히 존재하도록 각인시킨다.

이런 예들은 주변에서 쉽게 찾아볼 수 있다. 오래된 남자친구가 평소에 가지 않던 분위기 좋은 식당에 가자고 해서 프러포즈를 기대했는데 음식만 잔뜩 먹고 헤어진다. 프러포즈를 기대했을 때는 그 프레임에 빠져서 식당 안에서의 모든 순간들이 의미를 갖게 된다. 하지만 기대한 특별한 의식이 없다는 걸 알고 나면 설렘의 크기만큼 상실감을 느낀다. 다른 예를 더 보자. 내 생일이라 사람들이 모인 줄 알았는데 다른 목적의 회식이다. 나를 위한 서프라이즈 파티인줄 알고 두근두근했던 마음도 그것이 아니란 걸 알고 나면 나를 떨리게 했던 사람들의 미소와 목소리들이 빛바랜 사진처럼 갑자기 의미를 잃는다. 상상이 만든

허구라도 그것을 만든 사람에게는 구체적으로 존재한다.

생각 상想과 모양 상像으로 만든 미루어 생각한다는 뜻의 단어 상상想像. 이 단어는 코끼리의 뼈를 놓고 코끼리象의 전체모습을 떠올려본다는 뜻으로 만들었다는 스토리텔링이 유명하다. 레이코프의 ≪코끼리는 생각하지마≫라는 책이 생각난다. 레이코프는 교실에서 학생들에게 실험을 하나 해 보겠다며 자신이 말한 것을 실행해 보라고 한다. "코끼리를 생각하지 마세요." 당연히 모든 실험자는 실패하고 코끼리를 생각할 수밖에 없다. 나는 이 실험을 학생들에게 이야기하며 안 좋은 습관을 고치려면 '부정'을 사용하지 말라고 조언한다.

"오늘은 술 마시지 말자."
"그 남자는 이제 생각하지 말자."

이런 말이나 생각을 반복할수록 술과 그 남자가 연상된다. 부정은 그 생각을 반복을 통해 강화할 뿐이다. 운동이나 영화감상 등 다른 것으로 생각을 옮

겨두는 것이 더 좋다. 우리는 이미 이런 사실을 잘 알고 있다. 그래서 만약 연애 초기에 코를 파다 걸리면 다른 행동으로 분위기를 바꾸지 그 사람에게 "나는 코를 파지 않았어."라고 주문을 걸지 않는다. 현실에서 일어나지 않은 '비사건'도 '부정되는 사건'도 우리의 뇌에서는 일반적인 사건과 동일한 지위를 갖는다.

도널드 래내커는 단어 '빗변'이 삼각형의 나머지 두 변을 배경으로 연상하게 한다고 주장한다. '빗변'과 '직선'이 서로 똑같은 모습을 갖추었더라도 '빗변'은 직각삼각형의 일부이므로 나머지 두 변을 생각하게 한다. 이와 달리 '직선'은 홀로 존재할 수 있다. 물론 '직선'도 바탕 자체는 필요하다. 같은 방식으로 사물도 지금 이 자리에 없는 것을 생각하게 한다. 아내가 아끼던 화분을 보면 아내가 생각나고, 텅 빈 교실에서 제자들이 장난치고 공부하던 모습이 떠오르기도 한다. 이런 효과 때문에 우리는 사진을 찍는다. 그 장면은 그날의 일부지만 나머지를 소환하기 때문이다. 하나의 실재가 다수의 부재를 실재처럼 만든다.

이야기 +

1. 어떤 결심을 할 때 부정어를 사용한 경험에 대해 이야기해 보자.

2. 무언가를 기념하기 위해 갖고 있는 것들 중 하나를 소개해 보자.

4. 단순 연결망과 거울 연결망

레이코프와 터너는 정신공간들이 서로 연결되는 방식을 네 가지로 나누어 소개하고 있다. 단순 연결망, 거울 연결망, 단일범위 연결망과 이중범위 연결망이 그것이다. 이제 우리는 순서대로 살펴볼 것이다. 아래는 단순 연결망에 대한 설명이다.

인간의 문화적 생물학적 역사가 효과적인 프레임을 제공하고 이 프레임이 값 역할을 하는 특정 종류의 요소에 적용되는 연결망으로 프레임은 한 입력공간 안에 있고 요소는 다른 입력공간 안에 있다.
  - 포코니에 & 터너, ≪우리는 어떻게 생각하는가≫

133

"손님은 왕이다."라는 말이 가고 건강한 소비사회를 만드는 '매너 소비자'와 '워커밸worker-customer balance, 손님과 직원 간의 균형'이 트렌드 키워드다. 우리는 손님이면서 직원일 수 있으니 모두에게 좋은 변화다. 여기서 '손님'과 '직원'은 [역할]을 나타내는 프레임이다. 이 역할은 '포코니에'나 '터너' 같은 고유한 [값]으로 채워질 수 있다. 그릇 안에 다양한 음식이 담길 수 있는 것처럼 역할은 다양한 값으로 채워진다. **단순 연결망**simplex network은 이렇게 한 입력공간은 역할 프레임이 되고, 나머지 한 공간은 역할에 들어갈 값을 제공한다. "박웅석은 김현철의 제자다."라고 하면 '제자' 역할에 '박웅석'이란 값이 채워진 것이다. 그리고 '스승' 역할에 '김현철'이란 값이 채워진다. 주목할 점은 '스승'은 문장에 표현되지 않았지만 연상된다는 점이다. 스승-제자는 하나의 구조라서 둘 중 하나만 표현되면 나머지 하나가 떠오르기 때문이다. 이런 비슷한 예는 부모-자식, 손님-직원, 남편-아내, 의사-환자 등 무수히 많다.

"저 의사가 버스기사를 구했다."

등장인물 모두 일반명사로 역할을 나타내는 문장이라 독자가 다양한 해석을 할 여지가 있다. 만약 이어지는 문장이 "그 의사는 그녀를 안심시키고 약속된 레스토랑으로 달려갔다. 다행히 남편도 방금 도착한 것 같았다." 만약 이 문장에서 여러분이 생각한 것들을 수정해야 했다면 의사와 버스기사를 남자라고 생각했기 때문이다. 역할은 늘 다양한 값이 있을 수 있다는 점을 잊지 말아야 한다.

이제 거울 연결망mirror network에 대해서 보자. 거울 연결망은 모든 정신공간들이 하나의 동일한 프레임을 공유하는 연결망이다. 예를 들어보자. 달리기 선수인 A는 다른 선수 B가 지난주에 100m를 10초에 달렸다는 소식을 듣게 된다. 승부욕이 강한 A는 노력 끝에 100m를 9초에 달리고 드디어 B를 이겼다며 기뻐한다. 이때 개념세계에서 무슨 일이 일어나고 있을까? 입력공간1에는 지금 100m 달리기를 하는 A가 있고, 입력공간2에는 지난주 100m 달리기를 한 B가 있다. 입력공간1과 입력공간2에는 [달리기]라는 동일한 프레임이 있다. 두 입력공간의 상호작용으로 만들어진 혼성공간은 이 동일한 프레임과 두 입력공간에서 일부 요소들을 물려받는다. 그 일부요소는 입력공간1의 선수 'A'와 '9초라는 기록'과 입력공간2의 선수 'B'와 '10초라는 기록'이다. 이제 혼성공간에서 A와 B가 동시에 달리기 시작하고 A는 9초에 B는 10초에 들어오게 되는 영상이 만들어진다.

혼성공간은 최종 해석을 내는 데 도움이 되지 않는 요소는 입력공간에서 물려받지 않는다. 예를 들어 입력공간의 '지난주'와 '지금'이라는 각기 다른 시간이 그렇다. 이 외에도 A와 B가 서로 다른 운동장에서 달렸다는 사실도 무시한다. 두 입력공간이 제공하는 정보에서 두 선수의 기록을 비교하는 데 필요한 정보만 골라서 혼성공간에 투사하는 것이다. 이런 유연성은 우리가 폭넓게 사유할 수 있도록 돕는다. 이런 능력 덕분에 나는 프랑스 철학자 메를로퐁티의 책을 읽고 머릿속에서 대화를 나눌 수 있다. 지금은 이 세상에 없는 프랑스 철학자를 소환해서 한국어로 내가 원하는 부분에 대해 대화를 나누는 상상은 거울연결망을 통해 조정된 혼성공간이 있기 때문에 가능하다.

이야기 +

존경하는 철학자, 미술가나 음악가 등 한 명을 불러내
대화해 보자. 이 과정에서 입력공간들 사이에 공유되
는 프레임은 무엇이고 무시되는 요소들은 무엇인지
살펴보자.

5. 단일범위 연결망

전형적인 경우에 프레이밍 정신공간에는 미리 구축된 뛰어난 압축이 있고, 그것을 초점 입력공간을 위한 압축을 유발하는 데에 이용한다. 따라서 자연스럽게도 단일범위 연결망은 한 사물이 다른 사물에 대한 통찰력을 제공하고, 그 둘 사이에 강한 비대칭성이 있음을 직감하게 한다.

　　　－ 포코니에 & 터너, ≪우리는 어떻게 생각하는가≫

포코니에와 터너의 네 가지 연결망 중 세 번째인 단일범위 연결망single-scope network은 레이코프와 존슨이 말한 근원영역을 통해 목표영역을 이해하는 개념적 은유와 같다. 레이코프와 존슨이 관습적 은유를 집중적으로 설명하면서 우리의 일상에 은유가 얼마나 편재하는지 보이려고 했다면, 포코니에와 터너는 머릿속에서 실시간으로 일어나는 일들에 대해 설명하기 위해 더 많은 연결망을 다룬다는 점에서 차이가 있다.

"그는 그 책을 다 소화했다."

연결망은 '먹기'와 '읽기'라는 두 입력공간의 개념적 대응요소들을 혼성한다. 앞에서 말했지만 포코니에와 터너는 '입력공간'이라는 중립적 용어를 사용한다. 개념적 은유에서 사용하는 목표영역과 근원영역이라는 용어가 목표영역이 근원영역의 구조에 의존적이라 생기는 비대칭성을 드러내기 때문이다. 이런 비대칭성은 포코니에와 터너의 연결망에서 단일범위 연결망만 가진 특징이다. '먹기'라는 사건은 상황마다 차이는 있겠지만 하위분류가 가능하다. 최소한의 요소만 추려보면 '음식물 입에 넣기', '씹기', '삼키기' 정도가 된다. 마찬가지로 '읽기'도 하위분류해 보면

'책 펼치기', '보기', '이해하기' 정도가 될 것이다. 위의 문장은 목적어 '책'이 만든 입력공간의 '읽기'의 요소들을 서술어 '소화했다'가 만든 입력공간의 '먹기'의 요소들에 의해 그가 그 책을 완전히 이해했다는 해석을 하게 한다.

그런데 왜 동사 '소화했다'로 명사 '책'을 이해하는가? 다시 말해 일반적으로 왜 동사가 근원영역이 되는가 생각해 보면 좋을 것 같다. 내가 '책'이라고 말하면 무엇이 떠오르는가? '펜'이나 '독서대' 등 책과 관련된 다양한 물건이나 '사다', '보다', '빌리다' 등 책으로 할 수 있는 행동들이 떠오를 수 있다. 그럼 '소화하다'를 듣고는 무엇이 떠오를까? 대략 먹기의 '행위자'와 먹는 '대상'이 연상된다. 동사는 사건의 전체 구조를 만드는 틀이다. 문법을 좋아하는 분들은 익숙하겠지만 조금 더 예를 들면 '가다'는 [행위자]만 있으면 되고, '보내다'는 보내는 [행위자], 보내는 [물건]과 받는 [수신자]가 필요하다. 이렇게 동사가 틀프레임을 구성하므로 프레임을 제공하는 근원영역이 되기 쉽다.

이런 글을 쓰다가 동작을 하위분류하다 보면 멍하니 몇십 분이 가기도 한다. 어떤 요소들이 하위분류를 대표할 만한지 선택하기도 어렵고 막상 어떤 이미지를 골랐는데 언어로 표현이 안 될 때도 있어서다. 대학원 후배들과 세미나를 하면 나는 가끔 곤란한 질문을 던진다. 예를 들어 이런 질문들이다. '앉다'는 어떤 동작부터 어떤 동작까지를 '앉다'라고 할까? '앉다'의 가장 핵심적인 장면은 어떤 것일까? 여러분도 한번 생각해 볼 것을 권한다. 마치 미술품을 오래 두고 감상하는 효과가 있어서 내가 보지 않던 부분들이 보이기 때문이다.

이야기 +

1. 무작위로 동사 5개를 골라서 그 동사와 함께하는 의미역할이 무엇들이 있는지 말해 보자.
2. 위에서 고른 동사들의 동작을 구분동작으로 3개 이상으로 분할하고 시작과 끝을 정해 보자.

6. 이중범위 연결망

이중범위 연결망은 입력공간의 조직 프레임이 서로 다를 뿐만 아니라 각 프레임의 부분을 포함하고 자체 발현구조를 가진 혼성공간에 대한 조직 프레임 역시 가진다. 이런 연결망에서는 두 조직 프레임이 모두 혼성공간에 중요하게 기여하며, 둘의 명확한 차이는 풍부한 충돌 가능성을 시사한다. 이런 충돌은 연결망의 구성을 방해하기는커녕 상상력에 도전을 제공한다.

    – 포코니에 & 터너, ≪우리는 어떻게 생각하는가≫

이중범위 연결망double-scope network은 서로 다른 프레임을 가진 입력공간에서 필요한 부분들을 가져다 혼성공간을 구성한다는 점에서 개념적 은유단일범위 연결망가 한 입력공간에서만 프레임을 가져다 쓰는 것과 차이가 있다. 두 입력공간의 프레임을 섞어서 새로운 프레임을 가진 혼성공간을 만든다는 점은 창의성과 관련된다. 포코니에와 터너는 그 예로 '컴퓨터 바이러스'를 들고 있다. 입력공간1에 컴퓨터 프레임이 있고, 입력공간2는 생물학적 바이러스 프레임으로 구성된다. 생물학적 바이러스가 먼저고 컴퓨터가 나중에 나왔다는 점을 고려하면 우리가 컴퓨터에 문제가 생긴 것을 우리 몸에 질병이 생긴 것을 통해 이해하는 것이므로 단일범위 연결망처럼 보인다. 컴퓨터도 감염이 되고, 백신을 통해 치료를 받거나 예방한다는 표현을 보면 그렇다. 하지만 아래 문장을 보면 차이가 있다.

"수업자료 다운받았더니 컴퓨터가 바이러스에 옮았어."

'다운받다'나 '링크를 열다' 등 '컴퓨터 바이러스' 의 경로는 입력공간2 '생물학적 바이러스'에서 찾을 수 없는 요소다. 이렇게 목표영역의 프레임도 혼성공 간에 반영되기 때문에 공간들이 비대칭적이라 볼 수 없으며 그래서 근원영역과 목표영역이 아니라 입력공 간1과 입력공간2 등의 용어가 적절한 것으로 보인다. 혼성공간은 입력공간1이나 입력공간2에 없는 완전히 새로운 프레임을 창조한다. 우리는 이 혼성공간을 다 시 입력공간으로 해서 새로운 개념들을 만들어낼 수 있다.

"저 사람이 학교 사이트에 컴퓨터 바이러스를 심 었다."

혼성공간 컴퓨터 바이러스는 '식물공간'이라는 새로운 입력공간3과 연결되어 식물의 씨앗처럼 심어 졌다. 심어진 후에는 식물과 관련된 프레임에서 '성 장하다', '물을 주다', '열매를 맺다'나 '꽃을 피우다' 등에서 어떤 부분을 가져다 쓸지는 컴퓨터 바이러스 가 일으키는 현상들과 적절한 대응요소인지를 따져서 결정할 수 있고, 창의적으로 확장해서 사용할 수도 있다. 이렇게 이중범위 연결망은 **다중범위 연결망** multiple-scope network으로 확장될 수 있다. 다중범위 연결망은 기발함을 요구하는 영화, 만화나 광고 등에 많이 사용한다.

광고에서 소화가 되는 장면을 주인공이 미끄럼틀을 타고 내려오는 장면에 비유하거나 소화가 안 되는 것을 흐린 날씨에 비유하는 등 소화와 관련된 여러 가지 비유들이 한꺼번에 한 광고 안에 배치되어 혼성될 수도 있다. 또는 만화에서 누군가 화가 나서 얼굴이 뻘겋게 달아올랐는데 거기에 주전자를 올려서 물을 끓이고 사람들이 오순도순 모여 있을 수도 있다.

광고와 달리 혼성공간이 의도하지 않았는데 지식부족으로 생기는 경우도 있다. 할리우드 영화에서 사무라이 로봇이 중국식 인사법인 포권을 하는 예는 일본과 중국의 무인들에 대한 지식들이 혼성공간에서 새롭게 만들어진 것이다. 이것이 의도한 것인지 무지에 의한 것인지는 모르겠다. 이 외에도 베네딕트 컴버배치가 이전에 한국을 방문했을 때 공항에서 불교식 합장으로 인사를 했다가 일부 팬들이 비난하자 중국식 인사인 포권을 해서 재차 논란이 된 적도 있다. 아마도 그의 머릿속에는 동양의 여러 나라들이 개별 입력공간으로 나뉘어 있지 않고 혼성공간에 섞여 있다는 인상을 받았다. 누구나 익숙하지 않은 국가나 문화에 대해 비슷한 실수를 할 수 있다.

이야기 +

1. '동성결혼'이나 '쓰레기통 농구'(쓰레기통에 종이 등을 구겨서 던져 넣는 놀이) 등은 어떻게 혼성공간을 구성할지 생각해 보자.
2. 광고나 영화 등에 사용된 다중범위 혼성을 찾아 보자.

7. 운동

어떤 스키강사는 아래쪽으로 질주할 때 샴페인과 크루아상이 담긴 쟁반을 나르면서 엎지르지 않도록 조심하는 파리 식당의 웨이터라고 생각하면서 똑바로 서서 직선 방향으로 향하라고 가르친다고 한다. 이것은 쟁반 나르기라는 잘 알려진 신체 활동의 패턴을 스키 타기의 맥락에서 간단히 실행하는 것처럼 보일 수 있지만, 그렇지 않다. 우리가 쟁반을 나를 때에는 쟁반의 무게를 지탱하려고 힘을 발휘해 균형을 잡지만, 스키 타기에서는 쟁반이나 유리잔, 무게가 없다. 중요한 것은 시선 방향과 몸의 위치,

전체적인 동작이다.
　　－ 포코니에 & 터너, ≪우리는 어떻게 생각하는가≫

강사가 웨이터의 동작으로 스키를 잘 타는 요령을 가
르쳤다고 해서 여러분이 유능한 웨이터가 되기 위해
몰입한다면 강사는 미칠지 모른다. 웨이터의 동작으
로 구성된 입력공간1에서 필요한 시선 방향과 몸의
위치 등은 스키타기로 구성된 입력공간2에서 그에 대
응되는 요소들과 함께 혼성공간으로 투사된다. 결국
혼성공간에서 동작의 통합이 이루어진다. 운동에서
새로운 동작을 익히는 요령을 배울 때 이미 익숙한
기존의 동작들은 유용하다.

"다이빙하듯이 몸을 띄워서 공을 잡아보세요."
"누워서 두 발을 자전거를 타듯이 움직이세요."

　야구선수나 다이어터를 위한 위의 두 동작을 은
유 없이 설명하기란 정말 어렵다. 실제로 다이빙을
하거나 자전거를 타는 것이 아니다. 다이빙의 도움닫
기나 자전거 탈 때 손의 자세는 환기시킬 필요가 없

기 때문이다. 여러분이 지금 내가 말도 안 되는 소리를 하고 있다고 생각한다면 새로운 동작을 배울 때 혼성이 부분적 요소만 활용한다는 점을 이미 알고 있다는 것이다. 혼성은 동작에 대한 설명뿐 아니라 동작의 이름에도 자주 사용된다. 다음 요가 자세 중 몇 가지는 들어보거나 해 본 적이 있을 것이다.

'시체 자세', '코브라 자세', '고양이 자세', '나무 자세'

나는 개인적으로 모든 힘을 빼고 시체처럼 누워 있는 '시체 자세'를 좋아한다. 아내가 가끔 자상하게 이불을 머리 위까지 덮어주고 가는데 아마 아내도 혼성공간을 확장하는 방법을 아는 것 같다. '코브라'와 '고양이'처럼 동물의 특정 동작이나 '나무'의 모습에 우리가 동작을 맞출 수도 있다. 동물의 동작을 모티브로 한 것은 중국무협 영화에 넘친다. 〈쿵푸 팬더〉에서는 용이 빠지고 통통한 팬더가 대신하고 있지만 전통적으로 중국무술에는 용, 호랑이, 표범, 뱀, 학부터 원숭이, 두꺼비, 사마귀까지 나와서 오히려 없는 동물을 찾기가 어렵다. 쿵푸 팬더 '포'가 하던 태극권에는 초식마다 이름이 있는데 매우 시적이다. 예를 들어 '靑龙出水청룡출수'처럼 푸른 용이 물을 뿜거나 '云手운수'처럼 구름과 같은 손 등 동물이나 자연에 대한 이해를 동작을 익히는 데 사용하고 있다.

　현실세계의 동일한 동작이 개념세계에서 강조되는 부분이 달라서 언어세계에서 다른 표현을 갖는 경우가 있다. '팔굽혀펴기'는 '팔'이라는 신체부위와 '굽히다'와 '펴다'라는 동작이 강조된 표현이다. 영어에서는 'push-up'으로 '밀다'라는 동작과 '위'라는 목표방향이 중시된다. 같은 동작을 하면서도 각기 다른 이름을 갖는다는 점이 재밌다. 마찬가지로 '윗몸일으키기'는 '윗몸'이라는 신체부위와 '일으키다'라는 동작으로 구성되고, 'sit-up'은 '앉다'라는 자세와 '위'라는 목표방향으로 되어 있다. 아는 동작들의 이름을 자세히 살펴보면 이와 같은 예는 굉장히 많다. 한국어에서는 '무엇'이 '어떻게' 변화하는지를 보고, 영어에서는 '어디'로 '어떻게' 변화를 시킬 것인지에 관심을 두는 것으로 보인다.

이야기 +

운동동작을 이해할 때 사용되는 사물에 어떤 것들이
있는지 생각해 보자.

8. 의례와 사물

동일한 하루가 개인마다 서로 다른 의미를 지닐 수 있다. 그날 누구는 태어나고, 누구는 성인이 되고, 누구는 죽는다. 우리는 커다란 변화가 있던 시간들을 다양한 형식으로 기념하며 그 의미를 되새긴다. 그 형식의 세부는 혼성을 통해 이루어지는데 아이가 태어나서 일 년이 되면 치르는 행사인 돌잔치를 통해 살펴보자.

돌잔치에서 아기는 축하하기 위해 모인 사람들 앞에서 돌잡이 상으로 향한다. 상에는 실타래, 돈, 펜, 책, 총, 판사봉, 마이크, 청진기 등 다양한 돌잡이 용품이 트렌드를 반영하며 놓여 있다. 물건들은 다양한 의미를 함축하고 있다. 실타래는 그 길이를 아이의 시간에 투사해서 장수할 것을 의미하고, 돈은 앞으로 돈을 많이 벌 것으로 기대하게 한다. 기타 물건들은 환유를 통해 사회적 역할을 담고 있다. 여기서 사용된 환유는 [도구는 직업]이다. 펜이나 책은 학자나 작가, 총은 군인이나 경찰, 판사봉은 판사, 마이크는 가수나 방송인, 청진기는 의사를 나타낸다. 돌잡이에 아이에 대한 부모의 기대가 담겨 있다는 것을 알 수 있다. 좋은 의미를 지니고 있더라도 일반적으로 술, 담배, 트럼프 등은 보기 힘들 것 같다. 물론 위에 나왔던 돌잡이 용품도 다양한 해석이 가능하지만 긍정적 의미만 연상할 것을 요구한다. 총을 집었다고 해서 아이가 강도가 될 것이라 생각할 사람은 없다.

1. 결혼식 개식 선언　　　4. 신부입장

2. 양가 모친 화촉 점화　　5. 신랑신부 맞절

3. 신랑입장　　　　　　　6. 혼인서약

7. 성혼선언문 낭독

8. 주례자 중요 약력 소개

9. 주례

10. 축가

11. 케이크 절단

12. 양가부모님과 내빈께 인사

13. 신랑신부 행진

14. 폐회사

– 〈네이버 지식백과〉

스몰웨딩, 셀프웨딩 등 결혼식이 방식에서 다양한 변화를 겪고 있지만 아직 많은 사람들이 보통 위의 순서에 따라 식을 진행한다. 앞부분만 잠시 살펴보자. 결혼식은 우선 시작한다는 '말'과 함께 개식 선언으로 시작된다. 이후 두 집안의 어머니들이 신랑과 신부의 앞날이 밝기를 바라는 마음으로 촛불에 점등을 하고, 신랑은 버진로드virgin road를 앞장서서 나아가 신부를 기다린다. 버진로드는 성차별 언어로 여겨져 최근에는 웨딩로드라는 용어가 많이 사용된다. 버진로드는 신부가 미혼으로 살아온 날들을 몇 걸음으로 압축한다. 아버지와 함께 걸어온 신부를 신랑이 맞이한다. 하지만 웨딩로드로 바꾸면 신랑과 신부가 살아온 세월들로 의미가 변화한다. 재밌는 점은 두 사람이 그 길을 의도적으로 변형할 수도 있다는 점이다. 신랑과 신부가 함께 걸어 나올 수도 있고 신랑과 신부가 번갈아 춤을 추며 등장할 수도 있다. 이렇게 프레임의 세부요소는 바뀔 수 있고 그 변화는 의미변화를 가져온다. 성당, 절 또는 야외에서 결혼을 하면 그 의식의 모습이 변형될 수 있지만 그럼에도 불구하고 쉽게 생략하지 못하는 요소들이 있다. 어떤 행동에 의미를 부여하고 사회에서 오랜 기간 고착되면 쉽게 무시하기 어렵기 때문이다.

이야기 +

성인식, 졸업식, 결혼식, 장례식 및 제사 등 특별한 의식의 내용 중 혼성과 관련된 것들에 대해 이야기해 보자.

제4부

거리의 은유

은유는 우리의 얼굴처럼 내가 직접 볼 수는 없고 거울을 통해서만 볼 수 있다. 그 거울은 다양한 이름으로 곳곳에 존재한다. 정치, 사회, 광고 및 동물의 모습으로 나타나기도 하고, 신화, 종교, 철학 및 과학이 되기도 한다. 이제 잠시 멈추어 서서 거리에 놓인 은유들을 바라보자.

1. 정치

한 프레임이 당신의 마음속에서 활성화되면 대립하
는 프레임의 활성화는 차단당하는데, 이를 상호억제
라고 부른다. 우리의 뇌는 첫 번째 해석을 잠깐 차
단하고 나서야 나머지 한 해석을 활성화하기 위해
에너지 흐름의 방향을 다시 정할 수 있다.

― 레이코프 & 웨흘링,

≪나는 진보인데 왜 보수의 말에 끌리는가?≫

비트겐슈타인의 유명한 '오리토끼 그림'이다. 오리로
보이다 토끼로 보이기도 하면서 프레임의 전환에 따

라 같은 그림이 다르게 해석된다. 하지만 아무리 시도해도 동시에 오리와 토끼를 보기는 어렵다. 그냥 빠르게 오리와 토끼를 반복할 뿐이다. 레이코프와 웨흘링은 '사실'을 어떤 '프레임'에 두느냐에 따라 의미가 달라진다는 점을 강조한다. 그래서 정치적 입장이 다른 사람들은 같은 '사실'을 두고 다른 해석을 하고 싸우게 된다. 누군가의 마음에 어떤 프레임이 활성화되면 사실이 프레임에 맞는 요소로 조정되거나 무시되기 때문이다. 그래서 보수주의자들이 본 것들은 진보주의자들의 프레임에서 다르게 해석되거나 무시된다. 반대도 마찬가지다.

비트겐슈타인의 오리토끼 그림

세월호 참사는 304명이 사망 또는 실종된 대형 참사다. 보수주의자들은 여기에 [교통사고] 프레임을 사용한다. 교통사고 프레임을 사용하면 참사는 그냥 우연히 일어난 사건으로 종결된다. 그 누구의 잘못도 없고 억울한 사람도 사라진다. 여기에 '감성 팔이'나 '세금 도둑'이라는 말로 그 프레임을 강화한다. '팔다' 는 [상거래] 프레임의 한 요소다. 그래서 이 말을 들으면 우리는 '사는 사람', '파는 사람', '물건'과 '돈'을 떠올리게 된다. 사랑하는 사람을 잃은 슬픔을 사고파는 물건으로 만든다. 또한 '세금 도둑'에서는 유가족들을 [도둑] 프레임에 가둔다. 유가족들이 국민들이 낸 세금을 훔쳐간다는 것이다. 사람들은 부정적 정보에 더 민감하다. 그리고 프레임을 반복하거나 부정하는 행위는 해당 프레임을 강화한다는 점을 생각하면 공격적이고 부정적인 어휘들은 항상 경계할 필요가 있다.

이런 일은 어느 나라에서나 재현된다. 미국도 9.11 참사가 일어나자 부시 행정부는 바로 [테러]로 간주하고 미국의 국내 감시 법률을 강화하기 위한 프로그램을 '테러 감시 프로그램'이라고 불렀다. 레이코프와 웨흘링의 말대로 미국 시민의 자유와 사생활을 침해하는 '국내 감시 프로그램'에 [테러]라는 프레임을 씌운 것이다. 누군가는 대수롭지 않게 생각할 수도 있지만 이를 통해서 사람들은 자신이 겪는 감시가 테러범을 잡기 위한 것이므로 감수해야 한다는 수동적 태도를 갖게 된다는 점을 고려해야 한다. 이것이 은유가 우리의 행동을 제약하는 방식이다.

우리의 뇌는 자동적이고 무의식적이라는 점을 잊지 말아야 한다. 그리고 '사실' 하나에 여러 가지 은유가 있을 수 있다는 점도 생각해야 한다. 정치적 프레임을 가장 많이 널리 생산할 수 있는 곳은 언론이다. 한 사건에 대해 순수하거나 객관적인 보도는 처음부터 불가능하다. 결국 우리는 어딘가에 위치하게 되고, 관점을 가질 수밖에 없기 때문이다. 이 점을 인정하고 자신에게 주어지는 프레임에 민감해져야 한다. 그리고 레이코프와 웨흘링이 말하는 '개념적 다원성'을 추구하는 것이 현실적이고 효과적일 것이다. 그러기 위해서 언어적 다원성을 갖추려는 노력이 필요하다.

이야기 +

1. 최근 가장 널리 알려진 정치적 프레임을 하나씩 소개해 보자.

2. 한 사건에 대한 두 개 이상의 언론보도의 프레임을 비교해 보자.

2. 사회

우리는 과거의 눈으로 현재를 본다. 그래서 새로운 것도 늘 같은 방식으로 보게 된다. 하지만 변화가 발생하면 일상은 새롭게 해석되고 기호의 변화로 이어진다. 세상에 핸드폰이 나오자 어휘 '핸드폰'이 나왔고, 핸드폰의 모습이 바뀌어 이전 어휘로 더 이상 수용하기 어려운 순간이 오자 어휘 '스마트폰'이 나왔다. 이렇게 강력한 변화는 늘 새로운 어휘를 찾는다. 코로나 바이러스는 BC를 'Before Corona'로, AC는 'After Corona'로 기존의 강력하게 고정된 기호도 재해석하게 만들 정도로 우리의 일상을 흔들고 기호 세계도 바꾸었다.

'코로나 집콕'에 웃었다… 넷플릭스, 석달새 1577만 명 가입 한국경제 2020.4.23.

코로나19 이후 무수한 신조어가 태어났다. 신조어는 무에서 유의 창조가 아니다. 항상 과거의 것들이 개념적

넷플릭스와 유튜브

혼성을 겪은 결과다. 사람들이 집에만 콕 박혀 있는 '집콕', 스포츠 경기를 경기장에서 직접 보는 직관직접관람이 아닌 집에서 보는 '집관' 등의 비대면 활동에 관한 어휘가 특히 많이 생겼다. 에스키모에게 눈에 관련된 어휘가 더 많은 것이 상식인 것처럼 사회적 거리두기라는 경험은 우리에게 수많은 언택트에 관한 용어를 남겼다. 신조어 '언택트'는 '언택트 문화', '언택트 마케팅', '언택트 서비스' 등 큰 생산력을 보이고 있지만, '넌컨텍트noncontact', '노컨텍트no-contact', '제로컨텍트zero contact' 등 영어권에서는 다른 용어가 사용된다며 시비에 놓이기도 한다. 무의

미한 싸움이다. 언어 생태계는 옳고 그름을 판단하지 않는다. 시비가 필요한 사람은 자신의 어휘가 높은 지위를 갖기를 욕망하는 사람들이다.

　　레이코프와 존슨은 삶의 체험들이 언어에 반영된다고 한다. 예를 들어 현실세계에서 거리가 가까운 것들이 더 큰 영향을 주고받는다는 점은 언어에서도 마찬가지다. 그래서 not happy보다는 unhappy가 더 불행하다. 부정어 un이 happy와 바짝 붙어 있기 때문이다. 이렇게 언어표현이 인간에 대해 말해 주는 것이 있다면 '넌컨택트'가 맞고 '언택트'는 틀리다고 주장하기보다 사람들이 '언택트'를 선택하고 컨con이 없어도 불편함 없이 사용할 수 있는 이유를 묻는 것이 유익할 것이다. 언택트가 사용 가능한 이유를 보자. 우리는 부분을 보고도 항상 완전한 것들로 이해하는 데 익숙하다. 예를 들어, 교탁 뒤에 서 있는 선생님은 교탁에 가려져 상반신만 보인다. 하지만 우리는 하반신이 있다고 믿는다. 선생님의 얼굴만 보고도 뒤통수가 지금 있을 것이라 믿는다. 삶에서 누적된 경험들은 일부로 전체를 그릴 수 있게 한다. 그렇게 불완전한 '택트'는 완전체 '컨택트'를 대신할 수 있게 된다. 이제 안정적인 지위를 얻은 신조어는 확장이나 변용을 꿈꾼다. 위에서 본 수많은 '언택트 +X' 형태의 신조어들이나 'ON-'으로 부정어 'UN-'을 대체하며 온라인 연결을 강조한 온택트ontact가 그렇다. '언택트'는 대면의 부정을 강조하고, '온택트'는 대면의 방식을 강조한다.

　기사제목에 나온 것처럼 우리는 코로나로 넷플릭스나 유튜브나 줌에서 머무는 시간이 늘어나고 있다. 콘텐츠 공급자는 이 기회를 이용해 더 많은 사람을 유인하기 위해 기호들을 소비자 중심에서 대량생산한다. 그래서 온택트 세계에서는 같은 생각을 가진 사람들이 같은 기호와 해석을 공유하며 편협해지는 길로 가게 된다.

　특정 알고리즘에 갇혀서 과거에 본 것을 확장한 세상 안에 머무는 이 상태는 어떻게 극복할 수 있을까? 우선 자신이 검색하는 언어들과 내 눈앞에 주어진 언어들을 자세히 살펴

추천 알고리즘

봐야 한다. 어떤 프레임을 갖느냐는 개인 선택의 문제지만 내가 선택하지 않은 프레임에 갇혀서는 안 된다. 정작 나와 소통이 필요한 타인과 점점 멀어지기 때문이다. 지금 필요한 거리두기는 '사회적 거리두기'이지 '심리적 거리두기'가 아니다.

이야기 +

신조어를 하나 소개하고 분석해 보자.

3. 광고

어릴 때부터 모바일을 사용한 밀레니얼 세대는 긴 텍스트에 익숙하지 않다. 필요한 정보를 검색하고 연관된 정보 위주로 서핑을 다니던 습관을 지닌 그들에게 지루한 광고나 반복을 통한 주입식 광고는 설 자리가 없다. 제품에 대해 구구절절 설명하는 것보다는 짧고 효과적으로 기억에 남기는 것을 고려하는 편이 좋다. 아니면 바로 스킵이다.

1초에 24프레임의 정지된 상이 흘러가면 우리는 잔상효과로 동영상을 보고 있다고 착각을 하게 된다. 이 착각 덕분에 사람들은 영화에 편안히 몰입할 수 있다. 이전에 한 글로벌 대기업은 1초마다 한 프레임을 자신들의 제품 이미지로 채워서 사람들에게 무의식적으로 자신들의 상품을 각인시키려다 불법광고라는 불명예를 안았다. 차라리 한 이미지에 다른 이미지를 입히는 작업에 은유 또는 혼성 같은 기제를 썼으면 더 좋은 결과를 얻었을 것이다. 다음은 SSG.COM 광고 이미지와 대사다.

SSG 광고

"영어 좀 하죠?" "이거 읽어봐요." "쓱" "잘하네."
"아 추워. 코트 하나 쓱 해야겠어요." "하는 김에 김치도 쓱 해요." "맘에 쓱 들어."
– 신세계적 쇼핑포털 SSG.COM

알다시피 SSG는 신세계를 말하는데 '쓱'이라고 읽으면서 "슬그머니 내밀거나 들어가는 모양"을 말하는 의태어를 연상하게 한다. 하루 중 가장 기쁘다는 배송이 완료되는 모습을 환유적으로 표현한 것이다.

광고의 효과를 단계적으로 설명하면 다음과 같다. 1 단계에서 '신세계'의 입력공간은 새로운 '쓱'의 입력 공간과 연결된다. 이후 2단계 대사에서 코트와 김치를 '쓱'한다는 말을 통해 해당 단어의 동사화를 시도한다. 마치 "I SEOUL YOU"의 'SEOUL'과 같다. 3단계에서는 맘에 '쏙' 든다고 해야 하는데 '쏙'대신에 '쓱'을 사용한다. 우리는 전체 구문을 보고 의미에 맞게 '쓱'을 '쏙'으로 이해한다. 이 과정에서 '쏙'이 갖는 의미도 신세계를 나타내는 브랜드 SSG에 연결된다. 이 의미들은 SSG이라는 기호 안에 한 덩어리로 뭉쳐져서 마치 그물의 한 끝을 당기면 나머지가 끌려오듯이 함께 연상하게 만든다. 마무리는 내레이션으로 SSG이 신세계의 쇼핑포털임을 다시 각인시키고 마무리한다. 최소한의 정보만으로 감각적이고 유머러스하게 전달해 효과적으로 기억시키는 좋은 광고의 예가 되겠다.

아래는 온라인 숙박 서비스 '야놀자'의 광고 이미지다.

광고에서는 '사이먼, 사이먼 도미닉'이라는 노래 가사가 계속해서 반복된다. 그리고 자막에는 노래 가

사와 유사한 '쌓이면 돈이니'를 띄운다. 입력공간1에
는 익숙한 청각정보가 있고, 입력공간2에는 여기에
혼성시킬 시각정보 '쌓이면 돈이니' 자막과 쌈디가 놀
고 있는 장면이 있다. 혼성공간에는 두 입력공간의
정보들이 하나로 섞여서 쌈디의 유쾌한 이미지, 놀이
공간 이미지 및 야놀자를 이용하면 싸게 놀 수 있다
는 정보가 하나로 뒤섞인다. 이미지는 어떤 이미지와
함께 놓이느냐에 따라 기억되고 연상되는 이미지를
조정할 수 있다.

야놀자 광고

　　정관장 홍삼 광고가 전달하고자 하는 정보는 심
플하게 '면역력' 하나다. 그래서 서로 다른 버전의 광
고라도 대사는 모두 유사하다. 기본적으로 "면역력

정관장 광고

챙기셨어요?"라며 정관장의 상품을 건네준다. 이렇게
해서 "정관장 홍삼 = 면역력"이 된다. 위의 이미지를
보면 면역력이 필요한 예상 소비자를 남녀노소 모든
타깃으로 정해 놓았다. 이미지가 텍스트를 효과적으
로 보완하는 부분이 있다. 면역력이 눈에 보이지 않
기 때문에 원 모양의 프로텍터로 외부와의 경계를 사
람들의 눈에 확실히 보이도록 시각화했다. 이런 시각
화는 존재론적 은유에 속한다.

이야기 +

최근 재밌게 본 광고를 하나 분석해 보자.

4. 동물

캠퍼스의 매지 호수 둘레길은 계절마다 다른 아름다
움으로 나를 설레게 한다. 둘레길로 들어서는 입구에
솟대가 있다. 솟대에는 새들이 있고, 호수에는 오리와
가마우지 등이 그 그림자처럼 떠 있다. 솟대의 새들은
하늘과 땅을 연결해 주는 매개체이며, 화재, 가뭄 및
재앙을 막아주는 수호신이다. 솟대에 가장 많이 등장
하는 오리는 물에서 노닐다가 하늘로 날아가 버리고
는 한다. 그 모습을 지켜본 사람들에게 물과 하늘에서
자유로운 오리는 물로 화재와 가뭄을 다스리고, 저 하
늘에 내 소원을 대신 전달해 주는 매개체가 된다. 새

가 하늘에 무언가 메시지를 전달할 수 있을 것이라는 생각은 하늘과 우리를 연결하던 고대의 왕들에게 필요한 능력이었다. 그래서 그들은 금관이나 장신구에 새 모양을 새겼다.

오리가 물과 하늘이라는 장소와 환유적으로 연결되었다. 그리고 근원영역 [물]은 목표영역1 [화재]와 목표영역2 [가뭄]과 연결되고, 근원영역의 [하늘]은 목표영역3에서 사람들의 소원을 전달하는 [매개체]와 연결된다. 나무 한 그루가 책상이 되고 의자가 되고 그릇이 되듯이 하나의 대상에 투사되는 인간의 욕망은 끝이 없다. 솟대 위의 새들이 피곤할 것 같다. 계속 길을 따라 캠퍼스 안으로 들어가면 도서관 앞에 학교 상징물 독수리상이 있다.

"오직 여호와를 앙망하는 자는 새 힘을 얻으리니 독수리가 날개 치며 올라감 같을 것이요."

— 이사야서 40장 31절

매지 호수 솟대

미래캠퍼스 독수리상

독수리가 치악산을 향해 힘차게 날아오르는 모습은 아마 이 구절을 근원영역으로 했을 것이다. 자유로이 하늘을 날아다니며 하늘을 수호하는 독수리는 학교에 있는 모든 사람들이 진리를 수호하고 자유로워지기를 바라는 바람에 연결된다.

사람들은 자신이 보고 싶은 것을 보고 있을 뿐이다. 학자들의 독수리는 진리를 수호하지만 고대 유럽인들은 독수리에게서 용맹, 위엄, 자유 등을 보았다. 그래서 독수리는 위대한 로마 제국과 황제의 상징이었다. 로마 제국이 사라졌어도 그들의 열망을 담은 독수리는 이후 유럽의 지배자들이 선호하는 이미지였다. 이런 독수리가 동물 사체의 내장을 먹을 때 머리를 집어넣다 보면 질병에 노출될 수 있기 때문에 머리에 털이 없다는 이야기가 있다. 그래서 이름도 대머리 독禿과 수리의 합성어다. 하지만 티베트의 독수리는 사정이 조금 다르다. 사람이 죽으면 스님이 갈고리와 작은 도끼로 사체를 잘게 나누어서 독수리에게 주는 천장 또는 조장이라 불리는 풍습이 있기 때문이다. 천장은 스님에게 시체 해부과정을 보면서 삶과 죽음을 깊게 생각하는 수행이 되고, 남겨진 가족에게는 망자가 독수리를 통해 하늘로 가는 과정을 보며 위안이 되는지 모르겠다. 티베트의 독수리가 만든 하늘 길은 사체와 유가족의 마음이 혼성되어 만들어 낸 길이다.

이야기 +

1. 자신이 좋아하는 동물이 가진 문화적 의미들에 대해 이야기해 보자.
2. 용, 봉황, 해치, 기린 등 상상의 동물들이 만들어진 과정을 생각해 보자.

5. 경전

가장 핵심적인 은유는 [신은 아버지]이고 [신자들은
그의 자녀]라는 것입니다. 이 사례는 여러 종교에서
사용하죠. 기독교와 이슬람교, 유대교는 모두 신성
에 대한 핵심적인 개념화로서 이 사상을 공유합니
다. 신을 아버지라고 말한다면, 우리는 그를 아버지
라고 사유합니다.

– 레이코프 & 웨흘링,

≪나는 진보인데 왜 보수의 말에 끌리는가≫

레이코프와 웨흘링은 종교에 사용되는 은유로 [신은

아버지] 외에 다양한 예들이 있음을 보여준다. [신은 목동] 은유는 우리를 그의 양떼로 만들고, [신은 왕] 은유는 우리가 그의 신하나 종이 되게 한다는 것이 다. 여기서 아버지는 반드시 누군가의 아버지다. '아 버지'라는 어휘가 관계를 함축하기 때문이다. 그래서 신을 [아버지]라고 하는 프레이밍은 나를 그 전체 구 조의 빈자리 [자식]이라는 역할로 인도한다. 그렇게 신의 역할에 따라 우리의 역할도 변한다.

이전에 아무리 훌륭했던 이야기도 시간이 흘러 사회가 변하면 다른 평가를 받을 수 있다. 그래서 오 히려 여러 가지 해석이 가능한 이야기들이 수명이 길 다. 비유는 다양한 해석을 낳기에 가장 좋은 방식이 다. 그래서 김용옥은 ≪나는 예수입니다≫에서 "비유 담론은 감추기 위한 것이 아니라 더 복합적으로 많은 의미를 드러내기 위한 것이죠."라고 말한다.

어떤 여자가 누룩을 밀가루 서 말 속에 숨겼더니 온통 부풀어 올랐다.
하늘나라는 이런 누룩에 비길 수 있다.

— 마태오 13:33

지금 내가 사는 곳에
빵을 먹는 문화가 있기 때
문에 위에서 [누룩은 하늘
나라] 은유를 대략 이해할
수 있다. 대략이라고 한
것은 지금 우리가 아는 빵
에 대한 지식이 저 당시

마태복음 ●●●

사람들의 빵에 대한 지식과 다소 차이가 있을 수 있
어서다. 또한 이 비유를 통해 이해하고자 하는 목표
영역이 사람마다 다를 수도 있다. 그래서 그 근원영
역의 요소들여자, 누룩, 밀가루 등이 무엇과 어떤 방식
으로 연결되느냐에 따라 다양한 해석이 생길 수 있
다. 위 구절에 대해 버나드 브랜드 스캇이 ≪예수의
비유 새로 듣기≫에서 한 설명을 보자. "고대 세계에
서 누룩의 발효 과정은 도덕적 타락의 은유로 사용될
때가 많다. … 누룩이 어떻게 해서 썩은 빵의 산물이
며 시체와 연관되는지를 돌아보면 우리는 누룩이 왜
부패에 대한 강력한 은유인지, 그리고 그 반대, 즉 누
룩 없는 빵이 왜 신성함과 거룩함의 은유인지를 알게
된다." 보통 사람들의 먹고 살기 위해 정결할 수만은

없는 환경은 마치 부패의 상징인 누룩과 같다. 그런데 누룩이 하늘나라라고 하니 희망이 생긴다. 그리고 그 누룩이 밀가루를 만나 커다란 빵을 만들어 수많은 사람들의 배고픔을 해결해 준다는 것과 이 과정의 주도적인 역할을 당시 사회적 약자인 여자가 한다는 점도 주목할 점이다. 함축적 메시지와 풍부한 영상을 제공하는 비유는 불교나 기타 종교들에도 보편적으로 퍼져 있다.

> 자아든 세계든 모든 것은 연속적인 과정 속에 있지만, 우리의 경험은 그것들을 불연속적인 사물이나 사건들로 가른다. 이 가르기를 통해 나와 너, 철수와 영수, 산과 강, 개와 고양이, 빨강과 노랑, 세련된 것과 투박한 것, 선한 것과 악한 것이 구분된다.
> – 노양진, ≪몸이 철학을 말하다≫

지금까지 살펴본 것처럼 언어표현은 해당 사물의 전체의미를 표현하지 못 한다. 계속 흐릿하게 사물들을 갈라낼 뿐이다. 그래서 불완전한 언어로 철학을 하는 것에 회의적인 철학자들은 언어를 고쳐서 명

확하게 써보려 하거나, 한
계를 인정하고 다른 방식
의 철학을 꿈꾸기도 했다.
불교는 오래 전부터 언어
를 불신하고 불립문자不立
文字를 이야기했다. 특히

금강경

대승불교의 소의경전인 금강경에서 상相을 짓지 말라
는 이야기는 인지언어학에서 프레임을 대하는 태도와
유사하다. 그럼에도 불구하고 위의 책에서 노양진이
말하듯이 "우리는 언어의 가상성에 대한 근원적 성찰
에도 불구하고 결국 지금의 언어로 되돌아와야 한
다." 달을 가리키는데 사람들이 달을 보지 않고 손가
락만 보면 답답할 수 있다. 하지만 손가락 없이 달을
가리킬 수가 없다. 그래서 불교에도 각기 다른 방향
에서 달을 가리키는 손가락들이 모여 팔만대장경이
되기도 한다.

　　≪승려와 원숭이≫에서 심재관은 일반적으로
"이것이 있으므로 저것이 있다."라고 설명되는 연기
緣起를 '자전거 바퀴'에 비유한다. "자전거 바퀴를 가

만히 살펴보면, 고무 튜브와 바퀴살, 림 등으로 이루어졌잖아요. 이렇게 보면 자전거 바퀴는 새로이 탄생한 것이지만 모두 기존에 존재했던 어떤 조건들에 의해서 새로운 것이 만들어진 셈이거든요. 그러니까 자전거 바퀴는 본질적으로 부분들의 집합과 그러한 집합의 질서가 만들어낸 이름에 불과할 뿐이고, 자전거 바퀴라고 규정할 만한 것이 딱히 그 물건 내부에 존재하지 않는다는 거죠." 연기와 같은 추상적 개념을 설명하는 데 비유의 풍부한 영상은 우리의 직관적 이해를 돕는다. 사물 안에 고정된 본질이 없다는 이 비유에 최종덕은 "양파는 껍질이 곧 본질이고 본질이 곧 현상인 것이죠."라고 말한다. 양파는 속이 따로 있는 것이 아니라 껍질들이 모여서 바로 본체를 이루기 때문에 껍질 자체가 본질이라는 이 비유는 고정된 본질이 저 깊숙한 안쪽에 존재할 것이라는 고정관념을 깨는 데 매우 효과적이다. 주변에서 쉽게 볼 수 있는 '겉모습', '속마음', '표층구조'와 '표리부동' 등의 어휘를 보면 우리는 '안-밖'지향을 통해 본질이 겉으로 드러나지 않고 보이지 않는 어딘가에 숨겨진 것으로 이해하는 데 익숙하다. 자전거 바퀴와 양파는 그런 생각들을 좀 더 쉽게 벗어나게 해 준다.

나는 한동안 건강이 안 좋았는데 하필 그때 불안 장애까지 겪으며 정말 힘든 시간을 보냈다. 몸의 어느 한 부위가 아프면 불안함이 따라오고 그 불안함이 다른 부위의 통증까지 유발하면서 악순환이 반복되었다. 그때 내가 실재하는 고통 이상으로 불안과 통증을 느끼는 것을 끊어내는 데 도움이 되었던 글귀가 있어 소개한다.

"그는 육체적 느낌과 마음의 느낌에 의해서 이중으로 고통을 받는다. 마치 어떤 사람이 화살에 맞았는데, 다시 두 번째 화살에 또다시 맞는 것과 같다. 그는 두 개의 화살 때문에 괴로움을 모두 다 겪는다."

－ ≪상윳따 니까야≫ ＜화살의 경＞ 중에서

이야기 +

종교경전이나 격언에 담긴 은유를 하나 찾아서 해석해 보자.

6. 성당과 사찰

대성당과 그 장소에 대한 문화적 지각적 경험은 공동체 사람들에게 신성함의 느낌을 주는 혼성공간을 활성화하는 데 이바지해야 한다. 다소 명확하게 대성당은 웅대함, 크기, 빛의 정도와 질, 구성과 유지의 어려움, 음악과 기도의 패턴 및 성당을 다른 인간 세상의 실용적인 건물과 구분 짓고 문화적인 신성의 개념과 연상 짓는 정교하게 짜여진 다른 의식들을 특징으로 가진다.

　　－ 포코니에 & 터너, 《우리는 어떻게 생각하는가》

우상숭배를 금지하기 때문에 이슬람의 예배당에서는 어떤 형상을 찾아볼 수 없다. 다만 문양 정도의 장식과 메카를 향해 기도해야 하므로 방향을 인지할 표식이 전부다. 하지만 기타 종교는 이와 달리 그들이 추구하는 세계가 그들이 모이는 장소에 압축적으로 투사된다. 건축물 또는 건축물 사이의 배치, 건축물 안의 그림이나 조각 등 의미 고정 장치, 성직자나 신도의 위치나 이동경로 등은 모두 은유적이다.

양정무의 ≪미술 이야기4≫와 자현의 ≪사찰의 비밀≫은 성당과 사찰이 어떻게 은유적인지 잘 설명한다. 여기서 이 내용들을 비교하며 살펴보자. 대성당의 정문은 보통 서쪽에 자리하고 제단이 놓이는 앱스는 동쪽에 자리한다. 서쪽은 신도들의 공간이고 동쪽은 사제와 성가대의 자리다. 이런 배치 때문에 신도들은 성당에 들어서면서 바로 햇빛이 쏟아지는 가운데 자리한 십자가, 예수, 사제와 울려 퍼지는 찬송가를 마주하게 된다. 해가 동쪽에서 떠서 서쪽으로 지기 때문에 동쪽과 서쪽은 보통 각각 생명빛과 죽음어둠을 상징한다. 일몰이라는 자연현상을 근원영역으로 동쪽과 서쪽이라는 방위에 의미를 부여하는 것은 보편적 문화다. 그래서 서대문 형무소는 서쪽에 위치하고, 중국에서 불로불사와 관련된 여신 서왕모西王母는 이름에 드러나듯이 대륙 서쪽 곤륜산에 산다.

명동성당 내부

성당은 높고 직선적이다. 한없이 솟아서 하나님께 닿을 것만 같은 높이는 그 아래에 선 사람을 겸손하게 만든다. 이제 고개를 내려 앞을 바라보면 제단까지의 좁고 곧게 뻗은 길은 내가 가야할 길이다. 이동에 대한 선택의 제약은 깊은 안정감을 준다. 사찰도 역시 일주문, 천왕문이라는 이동 경로를 통해 신도들의 마음가짐에 영향을 미친다. 우선 두 기둥 위에 지붕만 얹은 일주문을 통과하면서 사람들은 사찰의 경계로 들어왔음을 인지한다. 일주문의 안과 밖은 같은 땅과 하늘이지만 통과 후에는 그 이전과 같은 마음이기 어렵다. 이어서 부릅뜬 눈과 크게 벌린 입의 사천왕이 있는 천왕문을 통과해야 한다. 그 표정과 마귀를 밟고 있는 모습에 유학생 제자들과 답사를 가면 무서워하는 학생들이 꽤 있는 코스다. 마지막으로 대웅전으로 신발을 벗고 들어가면 앞에는 부처와 수많은 보살들이 자리하고 있다. 넓은 장소에 서로 큰 차이를 갖지 않는 불상과 불화 사이에서 불교 신도가 아니면 어디부터 봐야 할지 행동을 유도할 만한 장치가 명확하지 않다. 성당과 사찰은 돌과 나무라는 건축 재료의 차이, 도시 중심부와 산이라는 건축 위치의 차이, 그리고 유일신과 모두에게 불성이 있다는 종교적 교리의 차이. 이 모두가 높이, 건축물의 개수, 건축의 부분마다 은유를 담는 방식에 다양성을 가져온다.

대성당 입구에서는 수많은 화려한 조각들이 신도들을 맞이한다. 정문 위 팀파눔에는 보통 예수를 중심으로 천사, 사자, 독수리, 황소의 조각이 있는데 이는 각각 마태, 마가, 요한, 누가를 상징하고 있다. 또한 그 주변에는 기타 성경의 주인공들이 성당마다 각기 다른 비중으로 자리하고 있다. 여기서 위치를 잘 살필 필요가 있는데 주인공은 보통 중간에 위치한다는 것이다. 마크 존슨은 《마음속의 몸》에서 우리는 동등한 힘이 균형balance을 이루는 것에 안정감을

석굴암 석가모니상

느끼며, 균형을 이루는 대칭의 중심인 가운데센터는 중요함을 의미한다고 말한다. 마치 아이돌 그룹의 센터로 보면 되겠다. 그래서 예수와 석가모니불은 늘 센터다. 하지만 그 주변 인물들은 교리 해석이나 예술가에 따라 서로 위치를 달리할 수 있다. 예수 주변에는 보통 사복음서의 저자들이 자리하는 것처럼 석가모니불 좌우에는 약사여래불과 아미타불이 자리한다. 주목할 점은 전각의 크기에 따라 부처님이 한 분, 세 분 또는 다섯 분이 있을 수 있는데 짝수는 없다는 것이다. 짝수는 센터를 잡을 수 없기 때문일 것이다.

성당에 꼭 성스럽거나 경건한 상징물만 있는 것은 아니다. 성당의 외벽이나 첨탑의 모서리 부분 곳곳에는 가고일이라 불리는 괴수들이 조각되어 있다. 빗물받이를 장식하는 기괴한 조각상인데 이런 괴수들이 대성당에서 빗물받이로 쓰인다는 것이 대성당의 위엄을 보여준다고 한다. 위에서 본 사찰의 사천왕

역시 고대 인도종교에서 숭앙하였던 귀신들의 왕이었
으나 석가모니에게 귀의하고 불법 수호를 맡게 되었
다고 한다. 주변 문화를 가져와 혼성하며 자신의 문
화를 정교화하는 과정이 흥미롭다. 각 종교에는 그
역사만큼 방대한 분량의 이야기가 존재한다. 그 이야
기들은 텍스트에, 이미지에, 사물에 투사된다. 성당
과 사찰은 해당 종교의 이야기를 담은 화석이다. 화
석을 돌로 보면 이야기는 사라진다.

이야기 +

종교에서 건축, 조각, 그림 등에 담긴 비유와 상징을
해석해 보자.

7. 중국 철학

중국 사상가들은 자연을 탐구함으로써 인간을 이해
할 수 있었다. 그래서 종교 신학보다는 자연세계로
부터 가장 오래된 중국 철학의 개념들을 형성하기
위한 뿌리 은유들을 제공받았다. 물은 생명을 제공
하고 땅으로부터 자발적으로 솟아올라 저절로 움직
이며, 고요한 상태가 될 때 완전한 수평이 되는 동
시에 스스로 침전 작용을 하여 맑아진다. 또 그릇의
모양에 따라 어떠한 형태도 취하고 가장 조그마한
틈도 뚫고 들어가며, 강압에 양보하지만 가장 단단
한 돌도 닳게 하고 얼음이 되어 단단해지고 증기가

되어 사라지기도 한다.

－ 사라 알란,

≪공자와 노자 그들은 물에서 무엇을 보았는가≫

사라 알란은 레이코프와 존슨의 개념적 은유 이론을 통해 중국 철학에 담긴 뿌리 은유가 '물'이라고 주장한다. 물은 우리에게 매우 친숙하고 다양한 양상들을 갖고 있기 때문에 철

제자백가

학을 하는 데 근원영역으로 사용하기에 적합하다. 만약 근원영역의 구조가 너무 단순하고 내용이 풍부하지 않다면 그것으로 구성된 철학도 그만큼 빈약할 것이다. 물론 식물 은유 등 다른 은유를 섞어서 사용하면 되지만 그래도 한 요소로 가능한 한 많은 것들을 이야기할 수 있다면 좋을 것이다. 이제 사라 알란을 통해 중국의 철학자들이 물의 특성으로 철학하는 방식에 대해 간단히 살펴보자.

고자가 말하기를 "본성은 솟아오르는 샘물과 같다. 만약 수로를 만들어 동쪽으로 흐르게 하면 동쪽으로 흐를 것이고, 서쪽으로 흐르게 하면 서쪽으로 흐를 것이다. 마치 물이 동쪽이나 서쪽으로 치우쳐 흐르지 않듯이, 인간의 본성도 원래 선이나 악 쪽으로 치우쳐 있지 않다"고 했다. 맹자가 말하길 "물은 확실히 동쪽이나 서쪽으로 치우쳐 있지 않다. 그러나 위나 아래로도 편중되어 있지 않는가? 인간의 본성이 선함은 마치 물이 아래로 흘러가는 것과 같다. 사람들 중에 선한 본성을 갖지 않은 사람이 없고 아래로 흐르지 않는 물이 없다."

― ≪맹자≫ <고자 상>

사라 알란은 "맹자는 고자와 달리 물을 진실로 이해했고, 그렇기 때문에 물이 아래로 흐르듯이 인간의 본성도 선을 향한다는 것을 알았다."고 말한다. 나는 맹자가 고자보다 물을 더 잘 이해한다고 생각하지 않는다. 물이 아래로 흐르는 것과 인간 본성의 선함이 어떻게 연결되는가? 거기에는 어떤 이유도 없다. "인간의 본성이 악함은 마치 물이 아래로 흘러가는 것과 같다."라고 말할 수는 없을까? 추운 겨울에는 따스했던 햇살이 더운 여름에는 내리쬐는 태양빛이 되는 것처럼 같은 사실도 상황에 따라 다르게 받아들여질 수 있다. 고자와 맹자는 자신들의 철학을 드러내기 위해 각각 물의 방향이 바뀔 수 있음과 물이 아래로 흐르는 성질을 사용했을 뿐이다. 그렇다면 우리가 자연에서 배운다고 할 수 있을까? 자신의 깨달음을 표현할 방법을 주변 환경에서 가져와야 하므로 환경의 제약을 받는다는 점은 당연하다. 하지만 자신의 감정이나 깨달음을 자연을 통해 표현했다고 보는 것이 더 적합하다.

"최상의 선은 물과 같다. 물이 선하다는 것은 만물을 이롭게 하고 다투지 않으며 많은 사람이 싫어하는 곳에 머문다는 점 때문이다. 그렇기 때문에 물은 도에 가깝다."

– 《도덕경 8장》

노자에게 물은 부드럽고 다투지 않으므로 최상이다. 하지만 누군가는 강철처럼 단단한 삶을 동경할 수도 있다. 그에게 물은 어쩌면 줏대 없이 여기저기로 흐르고 남 앞에 우뚝 서지 못하고 아래로 숨는 소심함일 수 있다. "산은 산이고, 물은 물이다." 자연은 말이 없지만 우리는 해석한다.

노자는 통치자에게 그릇에 따라 어떤 형태도 취하는 물처럼 되기를 바라지만, 순자는 반대로 통치자가 그릇이 되어 백성이라는 물의 형태를 정하기를 요구했다. 어떤 형태든 취할 수 있는 물이 그릇을 만났을 때를 두고 서로 다른 생각을 한 것이다. 이 [그릇—물]의 관계는 사후 공개된 이소룡의 무술철학에서 또 다른 모습을 취한다. 여기서 적은 그릇이고, 나는 물이 된다.

이소룡

"마음을 비워라. 마치 물처럼 형태나 모양에 구애받지 말라. 물을 컵에 따르면, 물은 컵의 모양이 된다. 물을 병에 담으면 물은 병의 모양이 된다. 물을 찻주전자에 담으면 그건 찻주전자가 된다. 물은 흘러갈 수 있고, 무언가와 충돌하기도 한다. 물이 되어라. 친구여."

이야기 +

자신이 좋아하는 철학자가 어떤 은유로 철학을 하는지 생각해 보자.

8. 신화와 과학

'파악把握'. 손으로 무엇을 움켜쥔다는 뜻의 이 한자어는 어떤 대상의 본질을 이해한다는 의미도 지닌다. 우선 대상을 손에 쥐고 통제할 수 있어야 그것을 관찰하고 이해할 수 있기 때문이다. 옛날 사람들은 눈에 보이지만 손에 닿지 않는 하늘, 구름과 별 등을 어떻게 이해했을까? 여기에 신화라는 이야기가 탄생한다. 이야기는 역시 은유적으로 작동한다.

인간이 하늘로 가는 방법은 여러 가지다. 〈동물〉 편에서 본 것처럼 하늘과 땅을 오가는 새를 이용하는 간접적 방식도 있지만, 내가 직접 갈 수도 있다.

직접 갈 때는 도구가 필요한데 사다리나 밧줄을 이용하면 되겠다. 김선자의 ≪이야기 중국 신화 上≫에는 석가모니가 도리천으로 올라갈 때 사용했다는 계단 모양의 사다리와 구약에서 야곱의 꿈에 등장한 '야곱의 사다리'를 이야기한다. 엘리베이터가 있으면 좋으련만 사다리로 가기에는 하늘까지의 거리가 너무 멀다.

하늘에 가까워져야만 소통이 가능한 것일까? 고대 중국의 황제들은 태산처럼 주변의 높은 산에서 제사를 지내며 하늘과 소통했고, 유럽에서는 솟아오른 성당을 통해 하늘과 가까워지려했다. 일반적으로 대화는 상대와 마주보고 그 방향으로 몸과 귀를 기울이면서 시작된다. 하늘과 소통할 때도 마찬가지다. 호랑이에게 쫓기던 오누이에게 하늘이 던져준 동아줄처럼 하늘이 우리를 돕지 않는다면 우리는 우리 힘으로 사다리를 구해 다가가는 수밖에 없다. 둘 다 하늘로 가는 수단이지만 동아줄과 사다리가 주는 차이는 은유 표현에 다른 느낌을 준다.

마지막 동아줄에 몰린 수험생들 한국대학신문 2019.2.21.
자기계발서가 던져주는 '썩은 동아줄' 오마이뉴스 2014.4.26.

해와 달이 된 오누이

야곱의 사다리

근원영역 [동아줄]은 누군가가 줘야 해서 나를 수동적으로 만든다. 수험생은 동아줄을 타고 하늘 대신 대학으로 가고, 자기계발서에 빠진 취준생은 썩은 동아줄을 잡은 호랑이와 같으니 동아줄이 끊어져 추락하기 전에 내려오는 것이 좋을 듯하다.

중소기업 '성장 사다리' 놔준다 새전북신문 2020.2.23.
취직·결혼 못하는데 부동산 사다리도 끊겼다… 청년의 분노 머니투데이 2020.7.7.

근원영역 [사다리]는 누가 대신 세워주거나 내가 세워서 올라가는 데 사용할 수도 있다. 신문을 보면 정부가 중소기업을 위해 사다리를 놓아주고 있다. 하지만 이어지는 기사에서는 중소기업과 달리 청년들이 타고 갈 사다리가 끊겨 있다. 제목에 누가 사다리를 끊었는지 명시되어 있지 않지만 정부의 부동산 정책을 비판하려는 의도는 충분히 알 수 있다. 재미있는 점은 취직, 결혼과 부동산에 각각의 사다리를 설정했다는 점이다. 취직, 결혼과 부동산을 통해 우리가 오르려는 곳을 동일한 것으로 본 것인지 궁금해진다.

현대 과학의 힘으로 이제 하늘로 오르고 달에도 갈 수 있다. 만능으로 보이는 과학은 세계를 은유 없이 바라볼 수 있을까? 장하석은 《과학, 철학을 만나다》에서 과학에 사용하는 이론적 모델의 구성과 작용에도 레이코프와 존슨이 말하는 은유의 창조적 기능이 필요하다고 말한다. 그는 보어의 유명한 원자모델을 예로 든다. 원자모델은 원자의 내부구조를 태양계의 구조로 모델링한 것이다. 그래서 가운데는 원자핵이 있고, 그 주위에는 전자들이 돌아다니는 구조를 갖게 된다. 장하석은 태양계와 원자의 구조가 완전히 같은 것도 아니고, 전자의 궤도가 행성의 궤도와 같은 모양인지 아닌지 모른 상태로 이 모델을 사용하기 시작한 점이 흥미롭다고 말한다. 이렇게 불분명한 가설로 시작해도 되는 것일까? 여기에 영국의 과학 철학자 해시의 말이 인용된다. 중요한 점은 이 모델의 불확실한 부분들을 연구하고 검증하면서 과학의 지식이 쌓인다는 것이다. 은유는 근원영역과 목표영역이 모든 면에서 같을 필요가 없고 부분적 유사성을 통해 대상을 새롭게 이해하는 것이므로 가설을 세우기 적합한 방식이다. 그리고 두 영역 간의 혼성을 통해 만들어진 새로운 혼성공간은 지적 확장을 위해 새로운 입력공간으로 재사용될 수 있다. 그래서 과학에 은유의 사용은 유용할 뿐만 아니라 필수적이다.

창의성은 풀어야 할 문제가 생길 때 발휘된다고 한다. 문제가 생겼는데 기존의 방식으로 해결이 되지 않으면 새로운 방법을 찾을 것이고 이때 창의성이 나온다는 말일 것이다. 이때 사용할 근원영역과 목표영역들이 풍부하고 다양한 연결을 시도할 수 있는 사람이 필요하다. 비록 인류의 커다란 문제에 관심이 없더라도 자신이 사용하는 은유와 주변에 존재하는 수많은 은유에 관심을 갖기를 바란다. 새로운 삶에는 새로운 언어가 필요하기 때문이다.

• • • • • • • • • • • • • • • • • • • •
- https://m.blog.naver.com/with_msip/221870532849
- • https://m.blog.naver.com/PostView.nhn?blogId=gajan&logNo=221466018946&proxyReferer=https:%2F%2Fwww.google.co.kr%2F
- • • http://www.ywamcmk.org/archives/8505
- • • • https://m.blog.naver.com/PostView.nhn?blogId=touall&logNo=220887797831&proxyReferer=https:%2F%2Fwww.google.co.kr%2F

● 주요 참고문헌
(다음 문헌들의 주장과 예시가 이 책의 뼈입니다.)

조지 레이코프·마크 존슨(1980[2003]), 나익주·노양진 역(2006), 삶으로서의 은유, 박이정

조지 레이코프·마크 존슨(1999), 임지룡·윤희수·노양진·나익주 역(2002), 몸의 철학, 박이정

조지 레이코프·엘리자베스 웨홀링(2016), 나익주 역(2018), 나는 진보인데 왜 보수의 말에 끌리는가, 생각정원

졸탄 쾨벡세스(2005), 김동환 역(2009), 은유와 문화의 만남, 연세대학교출판부

질 포코니에·마크 터너(2002), 김동환·최영호 역(2009), 우리는 어떻게 생각하는가, 지호

● 기타 참고문헌
(다음 문헌들의 이야기가 이 책의 살입니다.)

김선자(2004[2011]), 김선자의 이야기 중국 신화, 웅진지식하우스

김용옥(2020), 나는 예수입니다, 통나무

노양진(2013), 몸이 철학을 말하다, 서광사

마크 존슨(1987), 노양진 역(2000), 마음 속의 몸, 철학과현실사

매슈 레이놀즈(2016), 이재만 역(2017), 번역, 교유서가

박응석(2016), 현대중국어 공간관계의 인지적 비대칭 연구: '上下里外'를 중심으로, 중국어문학논집, 101호

_____(2017), 현대중국어 요가텍스트의 인지적 분석 - 타동성과 공간개념을 중심으로, 중국어문학논집, 103호

_____(2017), 현대중국어 방위 '前後左右'의 확정기제에 대한 인지적 분석: 래내커의 참조점 모형을 통해, 중국어문학논집, 106호

_____(2018), 인지언어학자의 한자문화산책, 박영사

_____(2019), 번역에 잠든 한국문화, 박영사

_____(2020), 인지의미론을 통한 비판적 프레임 분석 - 〈조선일보〉와 〈한겨레〉의 '코로나19' 관련 중국어기사 헤드라인을 대상으로, 중국어문학논집, 124호

버나드 브랜든 스캇(2001), 김기석 역(2006), 예수의 비유 새로 듣기, 한국기독교연구소

사라 알란(1995), 오만종 역(1999), 공자와 노자 그들은 물에서 무엇을 보았는가, 예문서원

심재관·최종덕(2016), 승려와 원숭이, 동녘

심혁주(2015), 티베트의 죽음 이해 - 하늘의 장례, 모시는사람들

양정무(2017), 미술 이야기 4 중세 문명과 미술, 사회평론

이필원(2017), 인생이 묻고 붓다가 답하다, 마음의숲

자현(2014[2019]), 사찰의 비밀, 담앤북스

장하석(2015), 과학, 철학을 만나다, 지식플러스

박응석

연세대 글로벌엘리트학부 교수
한국중국어교육학회 연구윤리위원

관심분야
인지의미론, 비유와 상징, 번역학, 기호학, 중국어교육

저·역서
번역에 잠든 한국문화(박영사)
인지언어학자의 한자문화산책(박영사)
웅쌤 중국어(박영사)
스마트 스피킹 중국어 1, 2, 3, 4(동양북스/공역)

수상
2017/2019 연세대 콜로키아강의우수교수
2018/2019 연세대 글로벌엘리트학부강의우수교수
2018 연세대 우수업적교수(교육부문)

✉ 이메일 rubysuk@yonsei.ac.kr
⟲ 인스타그램 Instagram.com/pes_meta

은유하는 마음

초판발행	2020년 11월 22일
지은이	박웅석
펴낸이	안종만·안상준
편 집	황정원
기획/마케팅	손준호
표지디자인	오승은
제 작	고철민·조영환
펴낸곳	(주) **박영사**
	서울특별시 금천구 가산디지털2로 53, 210호
	(가산동, 한라시그마밸리)
	등록 1959. 3. 11. 제300-1959-1호(倫)
전 화	02)733-6771
f a x	02)736-4818
e-mail	pys@pybook.co.kr
homepage	www.pybook.co.kr
ISBN	979-11-303-1145-6 03700

* 파본은 구입하신 곳에서 교환해 드립니다. 본서의 무단복제행위를 금합니다.
* 저자와 협의하여 인지첩부를 생략합니다.

정 가   13,000원